DAS
TITANIC
BORDBUCH

Eine Handreichung für Passagiere

Aus dem Englischen von
Dipl.-Ing. Klaus Neumann, Hamburg

1912

DELIUS KLASING VERLAG

~ Inhalt ~

Vorwort von John Blake — 4

Abschnitt 1: — 11
EINLEITUNG
- OLYMPIC und TITANIC (Werbebroschüre der White Star Line, Mai 1911)
- The White Star Line
- Die Erbauer der OLYMPIC und TITANIC (The Shipbuilder, Ausgabe Jahresmitte 1911)

Abschnitt 2: — 27
KONSTRUKTION, BAU UND STAPELLAUF
- Konstruktionsfaktoren
- Bau der Schiffsrümpfe
- Fertigstellung (The Shipbuilder, Ausgabe Jahresmitte 1911)

Abschnitt 3: — 47
HINWEISE FÜR PASSAGIERE
- Die Anordnung der Decks
- Passagierunterkünfte
- Anordnung der Räume
- Das Dekor
- Unterkünfte der zweiten Klasse
- Unterkünfte der dritten Klasse
- Allgemeine Schiffsausstattungen und Einrichtungen (Werbebroschüre der White Star Line, Mai 1911)
- »Allgemeine Informationen für Passagiere der ersten Klasse«, 1911
- »Passagierliste der ersten Klasse«, 1912
- »Allgemeine Informationen für Passagiere der zweiten Klasse«, 1911
- »Passagetarife der zweiten Klasse«, 1912
- »Passagetarife der dritten Klasse,« 1912
- »Musterspeiseplan der dritten Klasse«, 1912

Abschnitt 4: — 112
BETRIEB, SICHERHEIT UND NAVIGATION
- Schiffsoffiziere/Besatzung
- »Routen auf dem Nordatlantik«, 1899
- Arbeitsaufteilung an Bord der Schiffe (The Shipbuilder, Ausgabe Jahresmitte 1911)

Register — 126
Bildnachweise und Quellenangaben — 128

Vorwort

Dieser Leitfaden ist rein fiktiv, geschrieben in der Hoffnung, dem Leser Lust auf eine imaginäre Schiffsreise zu machen, so als ob er selbst an Bord der RMS TITANIC der White Star Line gewesen wäre und dieses Buch entspannt gelesen hätte, als sie am 10. April 1912 vom Hafen in Southampton zur Überquerung des Atlantiks aufbrach. Die TITANIC, das vermutlich bekannteste Schiff der Welt, fasziniert nach wie vor Millionen Menschen. Viel wurde über sie geschrieben, aber dieses Handbuch möchte das Schiff so in Szene setzen, wie seine Erbauer es sich vorgestellt haben: als das luxuriöseste Linienschiff der Welt. Die unglaubliche Servicequalität an Bord hat einen noch heute verwendeten Ausdruck geprägt, der diesen Superlativ beschreibt: »White Star Service«.

Mit der TITANIC wollte die White Star Line die in Konkurrenz stehenden Schiffe des größten Rivalen Cunard übertreffen; auf der Transatlantikroute herrschte ein scharfer Wettbewerb, wobei die TITANIC neben der Transatlantikpassage in der zweiten und dritten Klasse auch Unterkünfte in der ersten Klasse für all jene anbot, die es sich leisten konnten (ein vergleichbares Erster-Klasse-Ticket würde heute etwa 64.000 Pfund / rund 72.000 Euro kosten). Sogar die Passagiere der dritten Klasse (die man auch als »Zwischendecker« bezeichnete) kamen in den Genuss besonderer Leistungen, die andere Reedereien nur den Passagieren der zweiten Klasse anboten: Bettwäsche, Holzvertäfelung in der Kabine (die man sich zu sechst teilte), eine Gemeinschaftsdusche und einen Speisesaal (mit normalen Tischen), in dem ordentliche Mahlzeiten angeboten wurden. Die Passagiere der dritten Klasse nämlich trugen in erheblichem Maße zur Rentabilität der Transatlantikroute bei.[1] Die White Star Line, so schätzt man, beförderte nicht weniger als zwei Millionen Auswanderer, hauptsächlich aus Irland und Skandinavien, über den Atlantik nach Nordamerika.

Die TITANIC war auf Komfort ausgerichtet, nicht auf Geschwindigkeit. In dieser Hinsicht folgte sie vom Bauprinzip her ihren Vorgängerinnen wie der beeindruckenden OCEANIC (II), jenem 1899 unter Thomas Ismay in Dienst gestellten Schiff der White Star Line. Schließlich verlor White Star das Blaue Band (die Auszeichnung für die schnellste Transatlantiküberquerung) an ihre Rivalen. Der Hauptgrund lag in der Bauweise des Schiffskörpers, bei der Geschwindigkeiten über 20 Knoten nur durch eine logarithmische Erhöhung der Maschinenleistung hätten erreicht werden können, was eine Kostenerhöhung bei der Herstellung der Maschine und beim Kohleverbrauch zur Folge gehabt hätte.

Die Abschnitte 1 und 2 befassen sich mit Konstruktion, Bau und Stapellauf des Schiffes. Es sei darauf hingewiesen, dass OLYMPIC und TITANIC praktisch baugleich waren. Der einzige erkennbare Unterschied war die vorn auf dem Promenadendeck der ersten Klasse zusätzlich angebrachte Abschirmung, welche der TITANIC ein moderneres Erscheinungsbild als ihren Schwesterschiffen verlieh. Laut den Beschreibungen jener Zeit ist das äußere Erscheinungsbild der OLYMPIC durchaus auf die TITANIC übertragbar, auch wenn bei der Letztgenannten im Schiffsinneren aufgrund der zuvor beim Bau der OLYMPIC gewonnenen Erfahrungen eine Vielzahl an Änderungen vorgenommen wurde. Beide Schiffe wurden in Belfast von der damals führenden Schiffswerft Harland & Wolff gebaut, die bekannt dafür war, auf ihren Schiffen die beste Ausstattung einzusetzen.

Die White Star Line pflegte ein vertrauensvolles Verhältnis zu Harland & Wolff, deren Vorstandsvorsitzender Lord Pirrie auch Aktien an der White Star Line besaß. Die Werft sollte die drei Luxusliner OLYMPIC, TITANIC und BRITANNIC (ursprünglich GIGANTIC) mit jeweils fünfprozentiger Kostenerhöhung bauen. Thomas Andrews, ein genialer Schiffbauingenieur, zugleich Geschäftsführer bei Harland & Wolff und ein Neffe von Lord Pirrie, erstellte die Baupläne, während sich Alexander Carlisle um den Innenausbau und die verschiedenen Ausrüstungsteile kümmerte. Dazu gehörten auch die von der Welin Davit & Engineering Company Ltd. gebauten Bootsdavits für das Zuwasserlassen der Rettungsboote. Ausgerechnet dort wurde Carlisle Anteilseigner, nachdem er Harland & Wolff 1910 verlassen hatte. Für die Geldbeschaffung sorgten der amerikanische Finanzier J. P. Morgan und dessen Firma International Mercantile Marine Co. Die Kiellegung der TITANIC fand am 31. März 1910 statt, und ihr Rumpf wurde am 31. Mai 1911 zu Wasser gelassen. Speziell für die OLYMPIC und die TITANIC wurden zwei Helgen gebaut, deren neuartige Krankonstruktion mit zwei riesigen Kranportalen Aufsehen erregten. Die Abmessungen der TITANIC waren mit einer Gesamtlänge von 269 Meter, einer maximalen Breite von 28 Meter, einer Bruttoregistertonnage von 46.328 Tonnen und einer Höhe von der Wasserlinie bis zum Bootsdeck von 18 Meter ausgelegt.

Abschnitt 3 befasst sich im Detail mit den Passagiereinrichtungen, auf denen das besondere Augenmerk der edwardianischen Elitegesellschaft ruhte. So lag es naturgemäß auf der Hand, eine Liste von Erster-Klasse-Passagieren zu veröffentlichen, denen es nichts ausmachte, zugunsten des hohen Ansehens und Reisekomforts der White Star Line auf etwas Geschwindigkeit zu verzichten. Sie würden, ungeachtet dessen, von Southampton, Cherbourg und Queenstown (Cobh) aus in sechs Tagen New York erreichen, im Gegensatz zu den mit dem blauen Band ausgezeichneten Passagen der Reederei Cunard, deren Schiffe vier Tage und siebzehn Stunden brauchten. Die Schiffsmaschinen von White Star sorgten bei wirtschaftlichem Kohleverbrauch für konstante 20 Knoten und somit für ein gutes Gewicht-Leistungs-Verhältnis sowie eine komfortablere Überfahrt als die stark vibrierenden Vierschraubenschiffe von Cunard.

Die soziale Stellung in dieser Zeit war noch eingebunden in das System der Klassengesellschaft, auch wenn der Einfluss des Ersten Weltkriegs zu erheblichen Veränderungen führen sollte. Es wurde erwartet, dass jeder seinen Platz in der Gesellschaft kannte, was sich an Bord in der starren Abgrenzung zwischen erster, zweiter und dritter Klasse widerspiegelte, einem System, wie man es auch von Bahnreisen her gewohnt war. In dieser Form blieb die Klassenunterteilung sogar dann offensichtlich, als nach der verhängnisvollen Kollision mit dem Eisberg das Verlassen des sinkenden Schiffes organisiert wurde. Doch am deutlichsten zeigt sich die soziale Spaltung bei den Passagiereinrichtungen, speziell natürlich bei jenen für die erste Klasse mit der prachtvollen großen Eingangshalle und den Treppenhäusern sowie den verschiedenen Angeboten an Speisesälen, Restaurants, Verandacafés und Salons, einem ansprechend ausgestatteten Empfangsraum, Lounge und Rauchsalon, in denen man die Zeit verbringen konnte. Hinzu kamen die mit den türkischen Bädern, Schwimmbecken, einem Squashplatz und einer Turnhalle angebotenen Freizeitaktivitäten, wie sie noch drei Jahrzehnte vorher, an Bord von Segel- oder kombinierten Segel-/Dampfschiffen, unvorstellbar waren. Darüber hinaus erfreuten sich die vermögendsten Passagiere besonders großer Kabinen mit eigenem Bad. Man setze all das in Kontrast zu den Einrichtungen der dritten Klasse mit einem Esssaal mit langen Kantinentischen, einem allgemeinen Aufenthaltsraum, Rauchsalon und Unterkünften in neuartigen Kabinen mit zwei oder vier Kojen (bis hin zu zehn Schlafplätzen), zusätzlichen Doppelkojen-Kabinen und einem offenen Wohnbereich für 164 Zwischendeckpassagiere. Allerdings war der Standard der TITANIC und OLYMPIC derart hoch, dass selbst diese Wohnbereiche mit Eiche vertäfelt und mit Teakmobiliar ausgestattet waren.

Einige Redewendungen in den Beschreibungen der Schiffsausstattung sind eine herrliche Lektüre. Bei der Beschreibung der Heizung dachte man vermut-

lich an die kulturellen Unterschiede zwischen einem Engländer und einem Amerikaner aus den Südstaaten, der »entsprechend seiner Gewohnheit regelmäßig ein gewisses Quantum Wärme benötigt, die wiederum für einen Briten kaum auszuhalten ist«.[2] Die Gedanken des Lesers wandern weiter zu Sesseln mit hoher Rückenlehne in zugigen britischen Steingemäuern, auf denen man sich im Winter rund um den Kamin zusammenkauerte, während im Rest des Hauses Temperaturen unter dem Gefrierpunkt herrschten. Auch die Aufmerksamkeit für opulentes Dekor im Passagierbereich wirkt auf uns heute extrem: sei es der repräsentative Prunksaal im Louis-quatorze-Stil, der herrschaftliche Saal im Louis-quinze-Stil oder auch das Erster-Klasse-Restaurant, das im Louis-seize-Stil gestaltet war. Dieses Bemühen um ästhetische Perfektion mutet umso ironischer an, wenn man andere, konstruktive Aspekte in Betracht zieht, wie zum Beispiel die Konstruktion der wasserdichten Schotten nur bis zur Höhe der Wasserlinie, die Anbringung doppelter Schlingerkiele lediglich bis zur Seitenwand des Rumpfes (statt bis zu den Schiffsseiten), oder die Bereitstellung von 20 Rettungsbooten für gerade mal die Hälfte der Personen an Bord. Fairerweise muss man sagen, dass die längst veralteten Vorschriften des Board of Trade von 1894 eingehalten wurden, wonach sogar nur 16 Boote erforderlich waren – eine Zahl, die anhand der Schiffstonnage und nicht anhand der Passagierzahl errechnet wurde.[3] Tatsächlich führten die meisten anderen Linienschiffe jener Zeit – ausschließlich der in Europa fahrenden – weit weniger Rettungsboote mit, als für die komplette Evakuierung aller Passagiere erforderlich gewesen wären.

Abschnitt 4 beinhaltet Informationen über die Navigations- und Sicherheitseinrichtungen und ist damit nicht nur für den anspruchsvollen Passagier von Interesse, sondern vermittelt auch eine gewisse Sicherheit hinsichtlich der Schiffsführung durch den Kapitän. Beachtet werden sollte, dass allein die Konstruktion der TITANIC für eine Atmosphäre von Vertrauen und Zuversicht sorgte. Sie wurde von ihren Konstrukteuren als »praktisch unsinkbar« beschrieben, was schon bald von den Broschürenschreibern und der Presse aufgegriffen wurde, die das Schiff kurzerhand als »unsinkbar« rühmten. Allerdings änderte sich diese Sichtweise angesichts der rasch aufeinanderfolgenden Fehler und ungewöhnlichen Umstände, die zum Sinken führten. Die Vorschriften hinsichtlich der Sicherheit auf See wurden als Folge davon deutlich korrigiert. Die Vorschriften des Board of Trade zur Zeit der Entstehung der TITANIC forderten nur ausreichend Rettungsboote für 1.200 der insgesamt 2.500 eingeschifften Menschen – und das übrigens selbst bei 3.600 Menschen, für die sie zugelassen war. Nach dem Untergang der TITANIC sind mit beachtlichem Tempo neue Vorschriften verabschiedet worden und ab dem 1. Januar 1913 in Kraft getreten, um ausreichend Davits durchzusetzen, die, in Abhängigkeit von der Schiffslänge, Rettungsboote für alle an Bord Befindlichen aufnehmen konnten.[4]

Die TITANIC war das größte bis 1912 vom Stapel gelaufene Linienschiff, wobei ihre Konstrukteure neueste Erkenntnisse hinsichtlich der Schwimmfähigkeit nach Kollisionen durch den Einbau von 15 wasserdichten Schotten berücksichtigt hatten; niemand jedoch hatte eingeplant, dass durch einen Unfall auf See mehr als vier wasserdichte Abteilungen leckschlagen würden. Somit hatte man es nur für notwendig befunden, die wasserdichten Schotten am vorderen Schiffsende bis zum Oberdeck und am hinteren Ende bis zum Salondeck zu bauen. Die TITANIC wurde so konstruiert, dass sie einer Kollision am Schnittpunkt zweier wasserdichter Abteilungen widerstehen konnte, bei Flutung der drei vorderen Abschnitte schwimmfähig blieb, bei ruhigem Wetter sogar bei vier Abschnitten. Andrews prahlte (zutreffenderweise!) damit, dass die TITANIC quer in drei Teile zerlegt werden könne und dabei jedes Teil schwimmfähig bliebe. Das letztlich seinen Lauf nehmende Desaster der längs aufgerissenen Seitenwand war zuvor noch nie aufgetreten, zumindest nicht seit Beginn der Aufzeichnung der Schifffahrtsgeschichte. Die *Internationalen Kollisionsverhütungsregeln,* wonach jedes Schiff bei Nebel, Dunst, Schneefall oder Gewitter mit Starkregen mit mäßiger Geschwindigkeit fahrtüchtig sein sollte, wurden daraus folgend durch den Zusatz »oder bei Nacht in für Eisgang bekannten Gebieten« ergänzt. Eine Eispatrouille mit Flugzeugen wurde ebenfalls eingeführt und seitdem beibehalten. Die damals verwendete Admiralitätskarte Nummer 2508 wurde zügig überarbeitet, wobei man die empfohlenen Routen für die zwischen Europa und Nordamerika verkehrenden Schiffe weiter bis zur Südküste Neufundlands und zu den Grand Banks verlegte.

Aber natürlich wusste damals niemand, dass sich die schreckliche Tragödie anbahnte. Die TITANIC wurde am 31. Mai 1911 in Belfast mit Stolz und Zuversicht vom Stapel gelassen.

Die von Presse und Medien ausgehende hurrapatriotische Rhetorik jener Zeit wird von der Broschüre der White Star Line aufgenommen, in der die Schwesterschiffe OLYMPIC und TITANIC nicht nur als die größten Schiffe der Welt beschrieben werden, sondern auch behauptet wird, dass sie »für die Vormachtstellung der angelsächsischen Rasse auf dem Ozean stehen«, und weiter verkündet wird, dass »die Stärke einer maritimen Rasse eher durch seine kommerziellen Instrumente repräsentiert wird und weniger, wie früher vermutet, durch ihre zerstörerischen Waffen.« Eine andere Werbebroschüre schreibt vom »Patriotismus und Stolz als einem Indiz für die Überlegenheit der angelsächsischen Rasse, die zu einer geordneten, sicheren und friedlichen Welt führt«. Es ist offenkundig, dass der Passagier im Jahre 1912 nicht von den Zumutungen der uns heute selbstverständlich erscheinenden Werbung verschont blieb, obwohl ihre Machart – in Ermangelung der im modernen Marketing üblichen psychologischen Tricks – uns heute eher erfrischend naiv vorkommt. Zeitgenössische Pressemeldungen erwähnten den Stolz der Öffentlichkeit auf das Schiff und das Interesse, das es hervorrief.

Niemand konnte ahnen, dass die Jungfernfahrt des Schiffes auch seine letzte sein würde. Der Untergang der TITANIC war Schock und Tragödie zugleich, doch andererseits war er nur ein unglücklicher Unfall. Schuldzuweisungen sind das Ergebnis von späterem besserem Wissen und zugleich von Ignoranz für die damaligen Lebensumstände.

John Blake, FRIN[6] RN[7]

John Blake ist ehemaliger Marineoffizier und Nautiker. Als Mitglied des Royal Institute of Navigation ist er Autor von seefahrtshistorischen Büchern.

---

[1] Titanic: Fortune and Fate, *The Mariner's Museum (1998) Seite 51*
[2] The Shipbuilder, *Vol. VI, „The White Star Liners Olympic and Titanic*
[3] Die Geburt der Titanic *von Michael McCaughan (1998), Seite 179*
[4] The Shipbuilder, *ebenda. Seite 148*
[5] Der Bau der Titanic *von Rod Green (2009). Seite 20*
[6] *Fellow of the Royal Institute of Navigation (Mitglied des Royal Institute of Navigation)*
[7] *Royal Navy*

WHITE STAR LINE

NEW YORK
PLYMOUTH
CHERBOURG
SOUTHAMPTON

NEW YORK
QUEENSTOWN
LIVERPOOL

BOSTON
QUEENSTOWN
LIVERPOOL

MONTREAL
QUEBEC
LIVERPOOL

NEW YORK
AZORES
MEDITERRANEAN

BOSTON
AZORES
MEDITERRANEAN

United States & Royal Mail Steamers

Abschnitt 1
Einleitung

Die von den Herren Harland & Wolff besetzte Sonderrolle in der Welt des Schiffbaus hat viele Gründe, doch wenn wir den nach unserer Auffassung gewichtigsten benennen sollten, so würden wir ohne Zögern das persönliche Element angeben. Persönlichkeit war ohne Zweifel für die hohe Reputation des Unternehmens verantwortlich. Das lässt sich nicht nur an einem fähigen und erfahrenen Mitarbeiterstab festmachen, sondern auch an Lord Pirrie, dem Mann an der Spitze – eine wunderbare Persönlichkeit, die in allen Unternehmensbereichen Einfluss hat. Unter seiner führenden Hand ist das Unternehmen stetig in seine herausragende Stellung als weltweit führender Schiffs- und Maschinenbauer hineingewachsen. Auf einem unwegsamen Gelände, zu dem sämtliche benötigten Materialien und Kraftstoffe herangeschafft werden müssen, errichtete er einen riesigen Konzern mit 14.000 bis 15.000 Beschäftigten, denen jede Woche 25.000 Pfund an Löhnen ausbezahlt werden. Am Tag, als die TITANIC *vom Stapel lief (dem vergangenen 31. Mai), wurden die Probefahrten der* OLYMPIC *erfolgreich beendet, und niemand sonst auf dem Höhepunkt seiner Karriere konnte in derart hohem Maße Bestätigung empfinden wie Lord Pirrie, der Konstrukteur und Erbauer, durch die Herstellung dieser hervorragenden Schiffe. Schlussendlich dürfte es schwierig sein, eine Firma zu nennen, die mehr für die wirtschaftliche Entwicklung getan hat als Harland & Wolff. Diese Firma hat durch ihr Wirken einen enormen Einfluss auf den Prozess der wirtschaftlichen Erstarkung ausgeübt, durch den die Regionen des Britischen Empire enger zusammengewachsen sind, und durch dieses Schmieden neuer Geschäftsbeziehungen wurde viel für das engere Zusammenwachsen der angelsächsischen Rasse bewirkt.*

Syren & Shipping, 28. Juni 1911

~OLYMPIC und TITANIC~

Das Erscheinen dieser Giganten des Atlantiks geht passenderweise einher mit den bedeutendsten Entwicklungen der neuen Zeit wie etwa der Hinwendung der Menschen in Großbritannien und Amerika zum Idealbild eines internationalen, allumfassenden Friedens. Von allen in dieses großartige und wünschenswerte Vorhaben eingebundenen Kräften hat sich der Handel als eine der stärksten erwiesen. Auch wenn die Zunahme des internationalen Warenverkehrs im Wesentlichen mit der Entwicklung der Schifffahrt einhergeht, kann man die Leistungen des Unternehmergeistes der Reedereien und Schiffbauer für die angelsächsische Rasse gar nicht groß genug einschätzen. Für diesen Unternehmergeist gibt es keinen besseren Beleg als den Bau der White-Star-Liner OLYMPIC und ihres Schwesterschiffes TITANIC, die Seite an Seite auf der Schiffswerft Harland & Wolff in Belfast gebaut wurden. Der Anblick dieser zwei gewaltigen Schiffe mit mehr als 100.000 Tonnen Verdrängung war alles in allem ohnegleichen, und natürlich war das öffentliche Interesse an den Schiffen auf beiden Seiten des Atlantiks sehr rege. Es scheint – trotz der zurückliegenden Errungenschaften im Schiff- und Maschinenbau –, dass diese beiden Schiffe mehr Aufmerksamkeit auf sich ziehen als jemals ein anderes Schiff zuvor und in der Tat eine eigene Klasse darstellen. Sie charakterisieren ein neues Zeitalter in der Bezwingung der Ozeane und sind nicht nur um etliches größer als alle zuvor gebauten Schiffe, sondern verfügen auch über die neuesten Entwicklungen moderner Antriebstechnik.

-Werbebroschüre der White Star Line, Mai 1911

BAUWEISE UND ALLGEMEINE MERKMALE DES SCHIFFES – HAUPTABMESSUNGEN

Abmessungen	
Länge über alles	265,41 m
Länge zwischen den Loten	258,40 m
Breite, max.	28,12 m
Seitenhöhe, vom Kiel bis Mallkante Deckbalken, Brückendeck	22,34 m
Gesamthöhe vom Kiel bis Brückendeck ...	31,62 m
Bruttotonnage	45.000 t
Ladetiefgang	10,49 m
Verdrängung	60.000 t
Indizierte Motorleistung (PS) der Kolbendampfmaschine	30.000 PS
Motorleistung des Turbinenmotors an der Welle	16.000 PS
Geschwindigkeit	21 Knoten

A Quarterly Magazine devoted to
The Shipbuilding, Marine Engineering and Allied Industries.

Edited by A. G. HOOD.

VOL. VI.   MIDSUMMER, 1911.   SPECIAL NUMBER.

~The White Star Line~

Der Fertigstellung des riesigen Passagierschiffes OLYMPIC folgte kurz darauf die ihres Schwesterschiffes TITANIC. Diese größten Schiffe der Welt führen mit ihrem Siegeszug im Schiff- und Maschinenbau die glanzvolle Liste der für den Atlantik-Passagierdienst gebauten Schiffe fort. In keinem anderen Fahrtgebiet haben derart beachtliche Entwicklungen im Hinblick auf Schiffsgröße sowie Komfort und Luxus, die den Passagieren bereitgestellt werden, stattgefunden. Der Wettbewerb zwischen den Reedereien war sehr scharf, und den Bemühungen zur Sicherung der Vorherrschaft folgten rasch die Bestrebungen der konkurrierenden Linien, einander zu übertrumpfen. In dieser Hinsicht war die White Star Line, oder korrekter gesagt, die Oceanic Steam Navigation Company, seit der Gründung des Unternehmens 1869 immer an vorderster Stelle. Der Bau der OLYMPIC und TITANIC verdeutlichen, dass die typische vorausschauende Unternehmenspolitik sich als lohnend erwiesen hat.

DIE ANFÄNGE DES UNTERNEHMENS. Die Flagge der White Star Line wurde ursprünglich von einer um 1850 gegründeten Segelschiffslinie geführt, die hauptsächlich im Australienverkehr aktiv war, um den großen Ansturm auf die neu entdeckten australischen Goldfelder zu bewältigen. Der Eigner dieser Schiffslinie setzte sich 1867 zur Ruhe, und die Flotte ging an den verstorbenen Henry Thomas Ismay. Ismay begann mit der Einführung stählerner Segelschiffe, anstatt weiter Holz zu verwenden. Angesichts einiger

Erfahrungen mit Dampfschiffen und Atlantiküberquerungen als Direktor der National Line erkannte er die Vorteile durch die Einrichtung eines erstklassigen Passagierdienstes im Atlantikverkehr und gründete zu diesem Zweck den Oceanic Steam Navigation Service. Im Jahre 1870 schloss sich William Imrie der von Ismay geführten Geschäftsleitung des Unternehmens an, und Ismay änderte den Firmennamen in Ismay, Imrie & Co. Sofort wurde bei Harland & Wolff ein Auftrag zum Bau einer neuen Flotte platziert. So entstand die Beziehung zwischen den Schiffseignern und der Bauwerft, die bis zum heutigen Tag mit derart deutlichem Erfolg fortbesteht, dass alle nachfolgenden Schiffe der White Star Line, mit Ausnahme der CRETIC, auf der berühmten Belfaster Werft gebaut wurden.

DIE ERSTE OCEANIC. Das Pionierschiff der neuen Schifffahrtslinie, die erste OCEANIC, wurde im August 1870 in Belfast vom Stapel gelassen und erreichte im Februar 1871 den Mersey[8]. Das Schiff hatte eine Länge von 128 Meter, eine Breite von 12,50 Meter, einen Tiefgang von 9,40 Metern nd eine Tonnage von 3707 Tonnen. Es besaß eine Reihe von Neuerungen, die bislang im Atlantikverkehr unbekannt waren. Sein Antriebssystem bestand aus zwei von Maudslay, Sons and Field in London gelieferten Vierzylinder-Verbundmaschinen, die auf eine einzelne Welle wirkten. Jeder Maschinensatz bestand aus zwei Hochdruck-Zylindern mit je einem Meter Durchmesser und zwei Niederdruck-Zylindern mit je zwei Metern Durchmesser, jeweils mit einem Kolbenhub von 1,50 Metern. Den Dampf lieferten zwölf Kessel mit insgesamt 24 Brennöfen und einem Arbeitsdruck von 4,5 Bar. Die Schiffsgeschwindigkeit betrug 14 Knoten bei einem täglichen Kohleverbrauch von 65 Tonnen.

BEDEUTENDE SCHIFFE. Der OCEANIC folgte ein lange Liste bedeutender Schiffe, wie man der Grafik auf Seite 17 entnehmen kann. Besonders erwähnenswert sind die in den Jahren 1874 und 1875 gebauten BRITANNIC und GERMANIC. Diese Schiffe brachten es auf eine Geschwindigkeit von 16 Knoten und verkürzten die Passagedauer auf weniger als 7,5 Tage. Die mit neuen Maschinen und Kesseln ausgestattete GERMANIC schaffte im August 1896 die Passage in sechs Tagen, 21 Stunden und drei Minuten. Die White Star Line verfolgte vorerst keine weiteren Anstrengungen im Hinblick auf hohe Geschwindigkeiten. Erst 1899 stellte sie mit Erfolg die ersten 20 Knoten schnellen Zweischraubendampfer TEUTONIC und MAJESTIC in Dienst. Beide wurden bis kurz vor Indienststellung der OLYMPIC regelmäßig zwischen Southampton und New York eingesetzt.

[8] *(Anm. des Übersetzers: Gemeint ist hier die Mündung des Mersey, also Liverpool.)*

Die TEUTONIC fand zuletzt im Mai im Kanada-Dienst der Reederei von Liverpool aus Verwendung. Im Jahre 1899 wurde mit der Fertigstellung der zweiten OCEANIC ein wichtiges Etappenziel erreicht: ein Schiff, dessen Größe alles bisher Dagewesene hinter sich ließ und das erste, das die GREAT EASTERN an Länge übertraf. Allerdings wurde beim Entwurf des Schiffes nicht danach gestrebt, im Hinblick auf hohe Geschwindigkeit mit den Rekordbrechern von Cunard und jenen aus Deutschland zu wetteifern. Man ging davon aus, dass 20 Knoten Geschwindigkeit ausreichen würden, um die Passage zuverlässig in sieben Tagen zu schaffen. In dieser Hinsicht erfüllte das Schiff die Erwartungen voll und ganz. Bei den Nachfolgern der OCEANIC kehrte man zu langsameren Schiffen mit 16 bis 17 Knoten zurück, legte aber bei der Schiffsgröße zu. Vor der Fertigstellung der OLYMPIC war das größte Schiff der Linie die 1907 gebaute ADRIATIC (215,60 Meter Länge, 23 Meter Breite und 17,20 Meter Seitenhöhe; 17 Knoten Geschwindigkeit). Mit der Fertigstellung der OLYMPIC und der TITANIC erhöhte sich die Gesamtzahl der White-Star-Liner auf 21 und die Bruttotonnage auf etwa 460.000.

WEITERE GESCHICHTE. Zu den anderen nennenswerten Ereignissen der Reedereigeschichte zählen die 1907 vollzogene Übertragung des bedeutendsten Liniendienstes – von Liverpool, Queenstown und New York – auf Southampton, Cherbourg, Queenstown und New York und die Übergabe der unternehmerischen Kontrolle an die International Mercantile Marine Company, deren bedeutendster Geschäftsbereich wiederum die White Star Line war.

Die erste OCEANIC (1871), Pionierschiff der White Star Line

THE WHITE STAR LINE 17

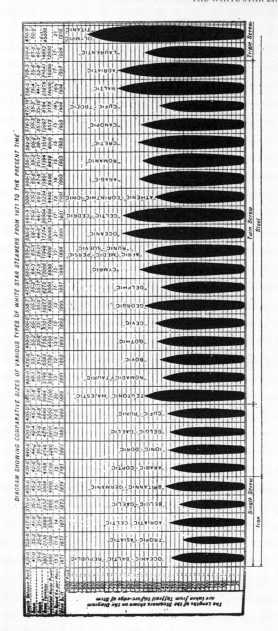

Schaubild der Entwicklung der Schiffsgröße der White-Star-Liner

Im Jahre 1909 stieg das Unternehmen mit den Dampfschiffen LAURENTIC und MEGANTIC erstmals in den Verkehr mit Kanada ein. Es waren die größten jemals in diesem Dienst eingesetzten Schiffe. Die LAURENTIC und die MEGANTIC sind darüber hinaus aufgrund der folgenden Tatsache erwähnenswert: Während die beiden Schrauben der MEGANTIC von Kolbendampfmaschinen angetrieben werden, verfügt die LAURENTIC, obwohl ansonsten von ähnlicher Größe und Form, über drei Schrauben und einen kombinierten Antrieb, bestehend aus zwei Kolbendampfmaschinensätzen mit einer Parsons-Niederdruckturbine. Dieses Experiment verfolgte das Ziel, die jeweiligen Vorzüge der beiden Antriebssysteme zu ermitteln. Ergebnisse im Hinblick auf die Leistung dieser Schiffe wurden nicht veröffentlicht, aber die Tatsache, dass man sich entschloss, das kombinierte Maschinenkonzept für die OLYMPIC und die TITANIC zu übernehmen, nachdem auf diese Weise umfassende Erkenntnisse über beide Systeme gesichert waren, ist bezeichnend.

GESCHÄFTSLEITUNG. Der gegenwärtige Vorstand und Geschäftsführer Joseph Bruce Ismay ist der älteste Sohn des verstorbenen Gründers der White Star Line, Thomas Ismay. Es hat diese Position seit dem Tod seines Vaters im Jahre 1899 mit großem Geschick ausgefüllt. Bruce Ismay wurde 1862 geboren. Er besuchte die Harrow School und absolvierte eine siebenjährige Ausbildung im Büro von Ismay, Imrie & Co., um anschließend als Agent für die White Star Line nach New York zu gehen. Nach seiner Rückkehr nach Liverpool wurde er als Partner in die Firma aufgenommen. Ausbildung und Naturell gleichermaßen haben Ismay in diese extrem verantwortungsvolle Position hineinwachsen lassen, und der Erfolg der OLYMPIC ist in nicht unerheblichem Maße auf das Interesse und die Initiative zurückzuführen, die er bei der Behandlung der vielen auftretenden Probleme an den Tag legte. Zusammen mit dem Wirken von Ismay sollen aber auch all jene Mitarbeiter der Reederei erwähnt werden, die sich mit großem Können und unermüdlicher Energie der Aufgabe gewidmet haben, die Unmengen an Details beim Bau der beiden letzten und größten Atlantik-Liner zu bewältigen.

FAZIT. Die OLYMPIC und die TITANIC sind nicht nur die größten Schiffe der Welt. Sie repräsentieren den höchsten Stand der Technik im Schiff- und Maschinenbau und stehen für die Überlegenheit der angelsächsischen Rasse auf dem Ozean, denn die »Vorherrschaft zur See« wandelt sich rasch, weg vom seefahrerischen hin zum merkantilen Denken. Die Macht einer maritimen Rasse definiert sich mehr über sein kommerzielles Instrumentarium und weniger, wie früher, über seine Vernichtungswaffen. Folglich haben diese beiden Giganten

Joseph Bruce Ismay.

erheblich zum potenziellen Wohlstand und Fortschreiten der Rasse beigetragen, und die White Star Line hat sich die Lobreden sehr wohl verdient, mit denen sie in Anerkennung ihres unternehmerischen Weitblicks bei der Herstellung solch großartiger Schiffe überschüttet wurde.

Es darf die Prognose gewagt werden, dass die OLYMPIC und die TITANIC das ohnehin hohe Ansehen der Schifffahrtslinie weiter mehren werden, weil sie auf dem Ozean nicht ihresgleichen haben. Trotz ihrer Größe sind die Schiffe schön, sowohl in ihrem Erscheinungsbild wie in der Einfachheit der Arbeitsabläufe. Alles an Bord ist gut, in vielen Fällen sogar brillant durchdacht und großartig ausgeführt. Die Passagiere werden in den prunkvollen Räumlichkeiten, auf den herrlichen Promenaden, in der Turnhalle, im Squashraum, in den türkischen Bädern, im Schwimmbad, auf der Palm Court Veranda usw. Komfort, Luxus, Erholung und Wohlbefinden genießen können. Darüber hinaus sind die Kabinen in ihrer Anordnung, Geräumigkeit und Ausstattung perfekte Zufluchtsorte, in denen man angenehme Stunden verbringen und frei von störenden Geräuschen schlummern und sich erholen kann. Komfort, Eleganz und Sicherheit sind Vorzüge, die einen besonderen Reiz auf Passagiere ausüben – an Bord der OLYMPIC und TITANIC gibt es sie im Überfluss.

Das Pferd wurde als das erhabenste Werk des Schöpfers beschrieben, und so kann man ein Schiff wohl als eine der edelsten Schöpfungen von Menschenhand bezeichnen, wobei die OLYMPIC und die TITANIC als Produkte menschlichen Genius und Unternehmergeistes besondere Beachtung verdienen. Ein Schiff – wenn man die ARCHE NOAH als solches ansieht – spielte eine wichtige Rolle in einem frühen Stadium der menschlichen Entwicklung. Heute gehören Schiffe zu den großartigsten Errungenschaften der Zivilisation unserer Zeit. Die White-Star-Liner OLYMPIC und TITANIC – als beredte Zeugnisse des menschlichen Fortschritts, wie man anhand der Macht des Geistes über die Materie sehen kann, werden ein der vordersten Plätze unter den Errungenschaften des 20. Jahrhunderts einnehmen.

~*Die Erbauer der* OLYMPIC *und* TITANIC~

Die Erbauer der OLYMPIC und TITANIC, die berühmte Schiffswerft Harland & Wolff, Limited, verfügen über eine konkurrenzlose Erfahrung beim Bau großer Passagierschiffe, wobei die neuen Schiffe der White Star Line ihnen als weiterer Triumph zur Ehre gereichen. Im Gegensatz zu vielen anderen Schiffbaufirmen dürfen Harland & Wolff als Erbauer im wahrsten Sinne des Wortes bezeichnet werden. Wie bei allen von ihnen gebauten Schiffen haben sie nicht nur die Rümpfe der OLYMPIC und TITANIC gebaut, sondern auch die Antriebsmaschinen. Ebenso wurde ein großer Teil der Ausrüstung, die bei Neubauten anderer Werften normalerweise von Subunternehmern geliefert wird, – im eigenen Betrieb hergestellt.

Anlegekai der White Star Line in New York, 1905.

Sir Edward J. Harland (†)

DIE ANFÄNGE. Die heute auf Queen's Island vorhandenen stattlichen Werftanlagen und Betriebsgebäude vermitteln kaum einen Eindruck von den bescheidenen Anfängen Mitte des letzten Jahrhunderts. Das Gelände, auf dem sie sich befinden, ist faktisch künstlich angelegtes Land, das auf Bestreben der Belfaster Hafenbehörde in den Jahren 1841 bis 1846 gewonnen wurde, während sich der schnurgerade Durchstich zum Belfast Lough und zur See, bekannt als Victoria Channel, im Bau befand. Ein Teil dieses Geländes wurde 1847 durch die Hafenbehörden für den Bau einer Schiffswerft umfriedet und zunächst an die Firma Robert Hickson & Co. verpachtet, die 1853 mit dem Bau stählerner Segelschiffe begann. In dieser Firma nahm 1854 ein gewisser Edward James Harland (später mit einem Sir davor) ursprünglich vom River Tyne stammend, im Alter von nur 23 Jahren eine Tätigkeit als Geschäftsführer auf. Zunächst hatte er große Probleme mit der Arbeiterschaft und mit den Unternehmensfinanzen; Schwierigkeiten, an denen ein weniger entschlossener Mensch verzagt wäre. Aber Harland war kein gewöhnlicher Mann, und mit seiner Persönlichkeit räumte er alle Hindernisse aus dem Weg. Im Jahre 1859 setzte sich Hickson zur Ruhe, und Harland erwarb die Werft, mit finanzieller Unterstützung seines Freundes G. C. Schwabe aus Liverpool, auf eigene Rechnung. Sein erster Auftrag waren drei Dampfschiffe für die Bibby Line, jedes 82,30 Meter lang, 10,40 Meter breit und mit einer Seitenhöhe von sieben Meter ein großer Auftrag zur damaligen Zeit. Daraus entwickelte sich eine Geschäftsbeziehung, die bis heute besteht. Der letzte Bibby-Liner, die GLOUCESTERSHIRE, ein schönes Schiff mit 8100 BRT, verließ Belfast einen Tag nach dem Stapellauf der OLYMPIC. Als Leiter des Konstruktionsbüros wurde G. W. Wolff eingesetzt, der später als Teilhaber aufgenommen wurde. Ab dem 1. Januar 1862 nannte sich die Firma Harland & Wolff. Die Geschäfte entwickelten sich rasant, und dank der Energie und des Unternehmergeistes der Partner, zusammen mit der erwiesenermaßen erstklassigen Arbeit, erwarb sich das Unternehmen allmählich ein hohes Ansehen.

LORD PIRRIE. W. J. Pirrie (1906 in den Adelsstand erhoben) wurde 1874 als Partner aufgenommen. Sir Edward Harland starb 1895, und Wolff setzte sich 1906 zur Ruhe. So verblieb die Gesamtleitung unter würdiger Wahrung der Firmentradition bei Lord Pirrie. Das Unternehmen wurde 1885 in eine private Gesellschaft mit beschränkter Haftung umgewandelt, mit einem Firmenkapital in Höhe von 600.000 Pfund, aufgeteilt in 600 Aktien über je 1.000 Pfund.

Die Karriere von Lord Pirrie, zuvor bereits Gegenstand eines gesonderten Artikels in *The Shipbuilder*[9], war eine der bemerkenswertesten Erscheinungen unter den großen Industriekapitänen. Nachdem er 1862 als Lehrling im vergleichsweise jungen Alter von 15 Jahren erstmals Queen's Island betreten hatte, entwickelte er sich zu einem erfolgreichen Konstrukteur, Direktionsassistenten, Teil-Projektleiter, Produktionsleiter, Partner und schließlich zum Vorstandsvorsitzenden von Harland & Wolff, Limited. Seine Aktivitäten waren nicht nur auf den Schiffbau beschränkt; sein geschäftliches Talent sicherte ihm zudem den Vorsitz in mehreren führenden Reedereien und darüber hinaus Aufsichtsratsposten in zahlreichen großen Industriekonzernen.

In der Unternehmensleitung auf Queen's Island standen Lord Pirrie fünf Direktoren zur Seite, von denen jeder seine eigene Abteilung leitete.

Lageplan des Betriebes auf Queen's Island

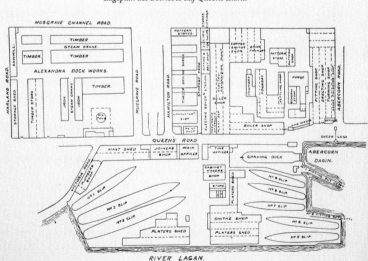

[9] Nr. 7, Vol. II, 1908.

DER HEUTIGE BETRIEB. Der heutige Betrieb mit 14.000 Beschäftigten ist sehr weitläufig. Seine Ausdehnung und die Anordnung der Einrichtungen sind auf der gegenüberliegenden Seite dargestellt. Es gibt nicht weniger als acht Helgen, die alle für große Schiffe geeignet sind. Die Helgen Nr. 2 und 3 sind speziell für den Bau der neuen White-Star-Liner ausgelegt, auf einer Fläche, die bislang von drei Helgen belegt wurde. Durch die erhebliche Größe der zwei Schiffe wurde nun die Reduktion der Anzahl der Helgen erforderlich. Im Bereich der neuen Helgen wurden ganzflächig Pfähle in den Untergrund gerammt und der Boden mit Beton bedeckt, der an einigen Stellen eine Dicke von 1,40 Meter aufweist und mit Monierstahl verstärkt ist. Der Helgenboden hat ein Gefälle von drei Zentimeter pro Meter.

WERKSTÄTTEN. Die Strom- und Lichtversorgung auf dem gesamten Betriebsgelände wird von einem stattlichen firmeneigenen Kraftwerk mit einer Leistung von nicht weniger als 4.000 Kilowatt und einer indizierten Leistung von 7.000 PS bereitgestellt, wobei die angeschlossene Motorbelastung 10.000 PS übersteigt und für die Bogenlampen zusätzlich 1.500 PS erforderlich sind. Um die Eisenteile der größten Schiffe handhaben zu können, wurde im Zuge des Umbaus der Helgen auch die Plattenbearbeitungshalle neben den Helgen Nr. 2 und 3 größtenteils modernisiert und mit den neuesten Maschinen ausgerüstet. Hier wurde der größte Teil der Eisenteile für die OLYMPIC und TITANIC vorbereitet. Die Schiffssektionen wurden in voller Größe abgelegt und die Holzschablonen für die Arbeiter auf dem Schnürboden vorbereitet. Bei Tischlerarbeiten, einem der wichtigsten Gewerke auf großen Passagierschiffen, ist Harland & Wolff unübertroffen und verfügt über erstaunliche Einrichtungen für alle Schiffsklassen. Die große Tischlerwerkstatt ist weiter unten zu sehen.

Das gleiche lässt sich auch über die ausgesprochen übersichtlich auf dem Werksgelände angelegte Maschinenbauabteilung sagen. Eine der wichtigsten Werkstätten ist die Kesselschmiede mit einer Länge von 249 mal 49 Meter Breite, deren einer Gebäudeflügel 138 mal 27 Meter lang beziehungsweise breit ist. Neben dem Motorenwerk erstreckt sich der Ausrüstungskai, von dem aus die Maschinenanlagen an Bord der hier liegenden Schiffe gebracht werden. Im Falle der OLYMPIC und TITANIC allerdings konnte dieser Anlegeplatz aufgrund von deren Größe nicht verwendet werden, deshalb wurden die Maschinenanlagen mit einem werfteigenen 200-Tonnen-Schwimmkran an Bord gehoben.

Aus dieser kurzen Beschreibung wird deutlich, wie umfassend der Betrieb auf Queen's Island ausgerüstet ist, um den Bau dieser beiden riesigen Schiffe für die White Star Line zu bewältigen.

Teilansicht der Tischlerei

Teilansicht der Kesselschmiede

WHITE STAR LINE
TRIPLE SCREW STEAMER
882½ FT. LONG "OLYMPIC" 46,359 TONS

Abschnitt 2

Konstruktion, Bau und Stapellauf

Einhergehend mit dem wissenschaftlichen Fortschritt und der Handelstätigkeit war die Entwicklung der heutigen Atlantik-Liner eine der bemerkenswertesten Leistungen unserer Zeit. Es fällt schwer zu begreifen, dass lediglich 73 Jahre vergangen sind, seit das erste nur mit Dampf angetriebene Schiff den Atlantik überquerte. Dieser bahnbrechende Dampfer namens SIRIUS war ein kleiner, aus Holz gebauter Schaufelraddampfer mit einer Gesamtlänge von 63 und einer Kiellänge von 54 Meter. Seine Breite betrug 7,60 und seine Raumtiefe 5,50 Meter. Auf seiner ersten Transatlantikreise im April 1838 transportierte er 94 Passagiere bei einer Durchschnittsgeschwindigkeit von sieben Knoten. Welch ein Kontrast zu den modernen Schiffen KRONPRINZESSIN CECILIE, LA FRANCE, LUSITANIA, MAURETANIA, OLYMPIC und TITANIC, um nur die berühmtesten Schiffe der letzten Zeit zu erwähnen!

Sämtliche Entwicklungsstufen von der SIRIUS bis zu den beiden letzten Schiffen der White Star Line können hier unmöglich nachezeichnet werden, doch das Wichtigste sei genannt: Schiffsgröße und Geschwindigkeit nahmen kontinuierlich zu, wie man der Tabelle I (Daten namhafter Atlantik-Liner) entnehmen kann, wie auch der Abbildung auf Seite 17. Der Verwendung von Holz als Baumaterial für die Rümpfe folgte die Einführung von Eisen, welches wiederum von Stahl abgelöst wurde. Schaufelräder als Antriebsmittel wurden von Schraubenpropellern abgelöst, die von Kolbendampfmaschinen angetrieben wurden. Die Kolbendampfmaschine entwickelte sich von einer Verbund- zur Dreifach- und später zur Vierfach-Expansionsmaschine, die auf zwei Schrauben wirkte und zum Einsatz kam, wenn größere Leistungen gefordert waren. Zur höchsten

Tabelle I – Große Atlantik-Liner

Name.	Builders.	Date.	Length. Ft.	Beam. Ft. in.	Depth. Ft. in.	Draught. Ft. In.	Displacement. Tons.	Gross Tonnage	Engines.	I.H.P.	Speed. Knots
Great Eastern	Scott Russell	1858	680	83 0	57 6	25 6	27000	24360	Pad. & Sc. Recipg.	7650	14·5
Paris and New York	Clydebank Works	1888	528	63 0	41 10	23 0	13000	10499	Recipg.	20600	21·8
Teutonic and Majestic	Harland & Wolff	1890	565	57 6	42 2	22 0	12000	9686	Do.	19500	21·0
Fürst Bismarck	Vulcan Co, Stettin	1891	503	57 3	38 0	22 6	10200	8000	Do.	16412	20·7
Campania and Lucania	Fairfield Co.	1893	600	65 0	41 6	23 0	18000	12500	Do.	30000	22·01
St. Louis and St. Paul	Cramp, Phil., U.S.A	1895	536	63 0	42 0	26 0	16000	11629	Do.	18000	21·08
Kaiser Wilhelm der Grosse	Vulcan Co, Stettin	1897	625	66 0	43 0	28 0	20880	14349	Do.	30000	22·5
Oceanic	Harland & Wolff	1899	685	68 5	49 0	32 6	28500	17274	Do.	27000	20·72
Deutschland	Vulcan Co, Stettin	1900	662·9 o.a.	67 0	44 0	29 0	23620	16502	Do.	36000	23·5
Kronprinz Wilhelm	Do.	1901	663 o.a.	66 0	43 0	29 0	21300	14908	Do.	36000	23·5
Kaiser Wilhelm II.	Do.	1903	678	72 0	52 6	29 0	26000	19361	Do.	38000	23·5
La Provence	Chantiers de Penhoët, St. Nazaire	1906	597	64 7½	41 8	26 9	19160	13750	Do.	30000	22·05
Kronprinzessin Cecilie	Vulcan Co, Stettin	1907	678	72 0	52 6	29 0	26000	19400	Do.	38000	23·5
Adriatic	Harland & Wolff	1907	709	75 6	56 9	...	40790	24541	Do.	16000	17
Lusitania	Clydebank Works	1907	760	88 0	60 0	...	44060	30822	Turbines	70000	25·5
Mauretania	Swan, Hunter, & Wigham Richardson, Ld.	1907	760	88 0	60 6	...	44640	31938	Do.	70000	26·0
La France	Chantiers de Penhoët, St. Nazaire	1911	685	75 5	52 10	29 6	27000	23000	Do.	45000	23·5
Olympic and Titanic	Harland & Wolff	1911	850	92 0	64 3	...	60000	45000	Recipg. & Turbine	46000	21

Perfektion entwickelte sich dieser Maschinentyp auf den deutschen Rekordbrechern KAISER WILHELM II und KRONPRINZESSIN CECILIE, die jeweils über zwei Schrauben und vier Maschinensätze verfügen, wobei jeweils zwei auf eine Welle wirken.

Die Antriebsturbine in Verbindung mit den drei Schrauben kam auf dem Atlantik erstmals 1904 zur Anwendung, als die Schiffe der Allan Line, VICTORIAN und VIRGINIAN, ihren Dienst aufnahmen. Ihren größten Siegeszug hat die Turbine aber an Bord der Cunard-Vierschrauben-Schnelldampfer LUSITANIA und MAURETANIA angetreten. Doch auch wenn die Turbine auf schnellen Schiffen äußerst erfolgreich ist, hat sie sich bei geringeren Geschwindigkeiten als weniger wirtschaftlich erwiesen. Diese Tatsache resultierte in der Einführung der neuesten Antriebsmaschinentechnologie, einer Kombination aus Kolbendampfmaschinen und einer Niederdruckturbine. Als die White Star Line und Harland & Wolff diesen Maschinentyp für die OLYMPIC und TITANIC in Betracht zogen, beschlossen sie die Vorteile des kombinierten Systems im Vergleich zu gewöhnlichen Kolbendampfmaschinen zu testen, und zwar durch den Bau zweier Schiffe, die mit Ausnahme der Antriebsmaschinerie genau gleich waren. Diese beiden Schiffe, die mit Kolbendampfmaschinen ausgerüstete MEGANTIC und die mit einer kombinierten Maschinenanlage ausgestattete LAURENTIC, wurden 1909 fertiggestellt. Der Leistungsvergleich im Kanada-Dienst der White Star Line rechtfertigte die Erwartungen im Hinblick auf bessere Wirtschaftlichkeit der kombinierten Maschinenanlage, und so wurde beschlossen, die Kombianlage für später folgende und weit größere Schiffe zu übernehmen.

~Konstruktionsfaktoren~

Es dürfte an dieser Stelle nicht abwegig sein, kurz auf die vielen Probleme einzugehen, denen der Konstrukteur eines Atlantik-Liners ausgesetzt ist. Seien es die Grundüberlegungen zur Bestimmung der Abmessungen, der Form und der Deckspläne von Schiffen, wobei die beiden wichtigsten Konstruktionsfaktoren Geschwindigkeit und angestrebte Passagierkapazität sind. Die im Wettbewerb stehenden Dampfschiffsreedereien waren schon immer bestrebt Schiffe zu besitzen, die sich in einer oder beiderlei Hinsicht überboten. Beide Faktoren erlangen mit zunehmender Schiffsgröße mehr Bedeutung, daher hat sich die Tendenz zu größeren Abmessungen in den letzten Jahren durchgesetzt. Die maximal möglichen Abmessungen eines neuen Schiffes hängen von der Größe der Hafenbecken und den verfügbaren Hafeneinrichtungen bei Fertigstellung des Schiffes ab. Aus diesem Grund hat Lord Pirrie unter anderem sehr viel Zeit und Energie in die Frage größerer Hafenbecken und -anlagen investiert.

Hohe Geschwindigkeiten erweisen sich als eine recht teure Anforderung, nicht nur wegen der hohen Anschaffungskosten für die Antriebsmaschine und der beträchtlichen Kraftstoffkosten für den Betrieb, sondern auch wegen der notwendigen Schlankheit des Schiffes, wodurch sich die Rentabilität in puncto Frachttransport und Umfang der Passagierunterkünfte in Grenzen hält. Mit den zunehmend schnelleren Atlantik-Linern haben sich die konstruktiven Probleme verstärkt, weil der Konstrukteur durch die begrenzte Wassertiefe in den Zielhäfen Einschränkungen unterworfen ist. Somit erlangte die Frage der Gewichtsreduktion eine besondere Bedeutung. Wenn man sich andererseits eine geringere Geschwindigkeit zum Ziel nimmt, ist das Gewichtsproblem um einiges geringer, weil das Schiff dann mit höherem Blockkoeffizienten (Völligkeitsgrad) und mehr Verdrängung gebaut werden kann, ohne dass der Tiefgang die verfügbare Wassertiefe überschreiten würde. Es war bei der White Star Line immer üblich, der Unterbringung der Passagiere den Vorrang zu geben und zugleich eine Geschwindigkeit anzustreben, die nicht allzusehr auf Kosten des Frachtvolumens geht. Die OLYMPIC und TITANIC wurden entsprechend dieser Vorgabe konstruiert. Auch wenn man als Passagier auf einem dieser Schiffe nicht zu der Ehre kommt, den Atlantik auf dem schnellsten Liner zu überqueren, so genießt man als Ausgleich doch viele Vorteile wie zum Beispiel höheren Komfort sowie größere Unterkünfte unterschiedlicher Art.

Ein anderes Thema, mit dem sich der Konstrukteur sorgfältig auseinandersetzen sollte, sind die Probleme mit der Festigkeit, Stabilität und dem Seeverhalten. Mit dem Thema Festigkeit eines Atlantik-Liners hat sich Professor J. Meuwissen ausführlich in einer früheren Sonderausgabe von *The Shipbuilder*[10] befasst, und Interessierte, die sich mit den technischen Aspekten dieser Frage näher befassen wollen, werden auf diesen Artikel verwiesen. Damit das Schiff bei Seitenwind nicht in eine unheilvolle Schräglage gerät, muss die metazentrische Höhe ausreichend bemessen sein, sodass die Stabilität in angemessenen Grenzen bleibt, um ein ruhiges Rollen im Seegang sicherzustellen. Metazentrische Höhen von 45 bis 75 Zentimeter haben sich in dieser Hinsicht als ausreichend erwiesen. Besondere Aufmerksamkeit sollte auch den Problemen in Verbindung mit wasserdichter Unterteilung, Steuerung, Lüftung, Heizung, elektrischer Ausstattung und den unzähligen weiteren für die Fertigstellung des Schiffes notwendigen Faktoren, gelten. Die Größe des damit verbundenen Aufwands wird das allgemeine Publikum durch die Lektüre der folgenden Seiten besser begreifen können. Es erübrigt sich zu sagen, dass die Aufgabe eines Schiffbauingenieurs beim Bau zweier solcher Schiffe wie der OLYMPIC und TITANIC keine einfache ist.

---

[10] *Mauretania-Ausgabe 1907*

~Bau der Schiffsrümpfe~

DIE FOLGENDEN DATEN GEBEN DIE TATSÄCHLICHEN
ABMESSUNGEN DER OLYMPIC UND TITANIC WIEDER.

Abmessungen	...
Länge über alles	269 m
Länge zwischen den Loten	259,10 m
Breite, max.	28,20 m
Seitenhöhe, vom Kiel bis Oberkante Deckbalken, Brückendeck	22,30 m
Gesamthöhe vom Kiel zur Kommandobrücke	31,70 m
Tiefgang beladen	10,50 m
Bruttovermessung	45.000 t
Nennleistung der Kolbendampfmaschinen	30.000 PS
Wellenleistung der Turbinen	16.000 PS

Ein Vergleich der vorstehenden Angaben mit den Abmessungen anderer Schiffe im vorhergehenden Abschnitt (siehe Tabelle I – Große Atlantik-Liner, Seite 28) zeigt, dass die GREAT EASTERN um 52 Meter kürzer und 20.600 Tonnen kleiner war. Die KAISER WILHELM II und die KRONPRINZESSIN CECILIE waren jeweils 52,40 Meter kürzer und 25.600 Tonnen kleiner, die ADRIATIC 43 Meter kürzer und 20.500 Tonnen kleiner, und die MAURETANIA 27,40 Meter kürzer und circa 13.000 Tonnen kleiner.

KONSTRUKTIVE AUSLEGUNG. Es gibt acht mittschiffs angeordnete Stahldecks – Bootsdeck, Promenadendeck (A), Brückendeck (B), Shelterdeck (C), Salondeck (D), Oberdeck (E), Mitteldeck (F) und Unterdeck (G) –, während ein zusätzliches Orlopdeck zusammen mit dem unteren Orlopdeck an den Schiffsenden eingezogen ist, wodurch sich insgesamt zehn Decks ergeben. Die tragende Struktur der Schiffe endet am Brückendeck, das über 167,60 Meter mittschiffs verläuft. Um die Schiffsenden ohne Berücksichtigung des Decksprungs ausreichend hoch über die Wasserlinie zu führen, waren ein 32,30 Meter langes Poopdeck und ein 39 Meter langes Backdeck vorgesehen. Oberhalb des Brückendecks bestehen die Deckhausseitenwände und die Deckplatten aus leichterem Material und verfügen über je eine Dehnungsfuge vorn und achtern, um bei Seegang starke Belastungen der dünnen Beplattung zu vermeiden. Die wichtigsten Materialien wurden von Harland & Wolff anhand ihrer langjährigen Erfahrung mit großen Schiffen festgelegt. Das Material konzentriert sich am oberen Flansch des entsprechenden Unterzugs, indem man der Beplattung des Brücken- und Shelterdecks sowie des Schergangs eine große Dicke verliehen und Aufdoppe-

lungen an diesen Punkten angebracht hat, während der untere Flansch durch eine Aufdoppelung der Bilgenbeplattung verstärkt wird. Verwendet wurde durchgängig Schiffbaustahl. Der Kiel jedes Schiffes besteht aus einer 38 Millimeter dicken Einschichtbeplattung sowie einem 500 Millimeter breiten und 75 Millimeter dicken Flacheisen. Die Bodenbeplattung ist bis zur Bilge hydraulisch genietet, die Plattengänge sind aus diesem Grund klinkerartig überlappt. Die Spant-Unterteile wurden gekröpft, um angeschrägte Füllstücke zu vermeiden. Um die Anzahl an Verbindungsstößen und Überlappungen auf ein Minimum zu reduzieren, wurden großformatige Platten verwendet. Die Außenhautplatten sind bei einem Gewicht von 2,5 bis drei Tonnen generell 1,80 Meter breit und neun Meter lang. Die größten Außenhautplatten sind 10,80 Meter lang und wiegen jeweils 4,5 Tonnen.

Der Doppelboden, unterteilt in Zellen und sich bis zu den Schiffsseiten erstreckend mit Bodenplatten auf jedem Spant, hat eine Höhe von 1,60 Meter, die sich im Kolbendampfmaschinenraum auf 1,90 Meter erhöht. Der Doppelboden ist, quer verlaufend, durch wasserdichte Mittelkiele in vier Abteilungen unterteilt und durch wasserdichte Längswände auf jeder Seite, zehn Meter von der Mittschiffslinie, wobei die Unterteilung in der üblichen Weise durch quer verlaufende, wasserdichte Böden abgeschlossen wird. Die Unterteilung in vier quer nebeneinanderliegende Tanks ist dank der eingeschränkten Breite der freien Wasserflächen in den für das Kesselspeisewasser und für das Frischwasser der Fahrgäste bestimmten Tanks auch für die Stabilität des Schiffes von Vorteil. Zudem wird so ausreichend Raum für das Trimmen des Schiffes bereitgestellt oder eine Schlagseite infolge ungleichmäßiger Lagerung von Kohle oder Fracht ausgeglichen. Neben den oben erwähnten durchlaufenden Tankunterzügen gibt es mittschiffs auf jeder Seite des Mittelkielschweins fünf dazwischenliegende Tankunterzüge und weitere Unterzüge unter den Maschinenräumen.

Der Spantabstand beträgt mittschiffs 90 Zentimeter und reduziert sich vorn auf 60 sowie achtern auf 70 Zentimeter. In den Kessel- und Turbinenräumen befinden sich Rahmenspanten mit 75 Zentimeter Steghöhe im Abstand von 2,70 Meter auf jedem dritten Spant und im Kolbendampfmaschinenraum im Abstand von 1,80 Meter auf jedem zweiten Spant. Die U-Profile reichen von der Tankdecke bis zum Brückendeck, einige dieser Profilstähle haben eine Länge von circa 20 Meter und wiegen fast eine Tonne. Die Deckbalken der tragenden Struktur bestehen ebenfalls aus U-Profilen mit 25 Zentimeter Steghöhe im Mittschiffsbereich; der größte ist 28 Meter lang und wiegt 1,25 Tonnen. Die Deckbalken sind mit den Spanten durch Kniebleche verbunden. Die Querfestigkeit wird auch durch die wasserdichten Schotten aufrechterhalten, von denen es insgesamt 15 gibt, weitere nicht wasserdichte Schotten bilden die Abschlüsse der Querbunker. Die Decks haben eine Balkenbucht von 7,5 Zentimeter.

Die Deckbalken des Brücken-, Shelter-, Salon- und Oberdecks mittschiffs werden durch vier längs verlaufende Unterzüge unterstützt, die wiederum durch massive Rundstützen im Abstand von 2,70 Meter getragen werden. In den Kesselräumen unter dem Mitteldeck sind ebenfalls Rundstützen im Abstand von 2,70 Metern aufgestellt, in Verbindung mit starken Deckbalken quer über dem Unterdeck im Bereich jedes Rahmenspants. Die innen verlaufenden Deckstützenreihen stehen in etwas anderem Abstand, sodass sie nicht die Arbeitswege behindern. In den Maschinenräumen und Bunkern stehen die Deckstützen unter dem Mitteldeck weit auseinander in kreisförmig angeordneten Abschnitten, wobei die Deckunterzüge infolge der größeren Spannweite stärker gebaut sind. Mit dem an den Enden zunehmend schmaler werdenden Schiff verringert sich auch die Zahl der Stützenreihen.

Auf einer Länge von etwa 100 Meter im Mittschiffsbereich sind 60 Zentimeter hohe Schlingerkiele angebracht, um das Rollen bei Seegang zu minimieren.

Die beiden Decks, die den Aufbau auf jedem der Schiffe bilden, sowie die Kommandobrücke sollen durch ihre Bauweise ein hohes Maß an Festigkeit sicherstellen. An den Seiten werden sie durch gebaute Spanten mit Gegenwinkel im Einklang mit den Spanten des Rumpfes unterstützt. Die Deckhäuser sind mit speziell in das Tragwerk eingesetzten U-Profilen versteift worden, und dort, wo die öffentlichen Räume durch das Deck führen – wie auf dem Bootsdeck –, wurden schwere Kniebleche eingesetzt, um den Widerstand gegen Streckkräfte zu erhöhen, die entstehen, wenn das Schiff durch schwere See dampft. Die Boots- und Promenadendecks wurden auf 28,60 Meter verbreitert, um die Fläche zum Promenieren zu vergrößern. Alle

Die OLYMPIC *beplankt und die* TITANIC *als Spantengerüst*

frei liegenden Decks sind mit Holz belegt, jedoch wurde innerhalb der Deckhäuser und auf allen nicht dem Wetter ausgesetzten Decks der von Harding patentierte Decksbelag aus Litosilo (Steinholz, Holzzement) eingesetzt; pro Schiff etwa 33.500 Quadratmeter, geliefert von der Firma C. S. Wilson & Co. aus Liverpool.

VERNIETUNG. Allein im Doppelboden von OLYMPIC und TITANIC kamen je eine halbe Million Nieten mit einem Gewicht von rund 270 Tonnen zum Einsatz. Die größten Nieten haben einen Durchmesser von 32 Millimeter, wobei sich in jedem Schiff bei Fertigstellung rund drei Millionen Nieten mit einem Gewicht von rund 1.200 Tonnen befinden. Um die beste Verarbeitung sicherzustellen, wurden wenn möglich hydraulische Niethämmer eingesetzt. Nahezu der gesamte Doppelboden einschließlich der Außenhaut im Bodenbereich bis hin zur Kimm, sowie die obere Tankdecke, die Stringerplatten und die Aufdoppelungen wurden hydraulisch vernietet. Die Nähte der Bodenbeplattung wurden doppelt vernietet, die Tankdecke sogar drei- und vierfach. Die Verbindungsstöße der Bodenplatten sind überlappt und vierfach vernietet, ebenso die Verbindungsstöße der Seitenbeplattung, außer im Bereich der Tankdecke und Aufdoppelungen, wo Doppellaschen verwendet wurden.

Gussteile am Vor- und Achtersteven.

Weil jedes Schiff über drei Schrauben verfügt, ist der Achtersteven mit einer Propellernabe und einer Schraubenöffnung für den mittleren beziehungsweise Turbinenpropeller ausgestattet, während die Wellenschäfte der von den Kolbendampfmaschinen angetriebenen Außenpropeller von gegossenen Wellenböcken gehalten werden, wobei die diese umgebende Außenhautbeplattung einen Teil der von Harland & Wolff verbesserten Propellernabe bildet. Sämtliche dieser Gussteile wurden von der Darlington Forge Company geliefert und bestehen aus Siemens-Martin-Flussstahl, mit Ausnahme des Ruderschaftes, der aus geschmiedetem Flussstahl besteht. Eine Vorstellung von der enormen Größe der Stevengussstücke erhält man anhand der nachfolgenden Tabelle:

Gewichte und Abmessungen der Gussstücke

Gussstücke	...
Achtersteven (zwei Teile)	70 t
Hintere Lagerböcke (zwei Teile)	73,75 t
Vordere Lagerböcke (zwei Teile)	45 t
Ruder (sechs Teile)	101,25 t
Vorstevenschienen	7,25 t
Vorstevenverbindungsstück zum Kiel	3,5 t
Achtersteven	...
Höhe	20,50 m
Kielbalken	11,35 m
Ruderöse	6,40 x 3,95 m
Hintere Lagerböcke	...
Höhe Wellenmitte	11,80 m
Durchmesser der Propellernaben	1,60 m
Vordere Lagerböcke	...
Höhe Wellenmitte	11,60 m
Durchmesser der Propellernaben	1,85 m

Der Achtersteven misst im Bereich des konkav gewölbten Abschnitts 5,50 mal 3,35 Meter und erweitert sich auf 6,40 mal 3,35 Meter im Bereich der Schraubenöffnung, er ist zweigeteilt und durch speziell entwickelte Laschen verbunden. Die Gesamthöhe beträgt 20,75 und die Länge 11,35 Meter. Am vorderen Ende des Wellenbocks befindet sich ein großer Flansch und bildet so eine solide Verbindung zu den hinteren Auslegern an der Propellernabe und der Grundstruktur des Schiffes. Die Laschen sind mit den besten Eisennieten von Lowmoor mit einem Durchmesser von fünf Zentimetern verbunden, wobei sich 59 Nieten an der vorderen und 53 Nieten an der hinteren Lasche befinden, die insgesamt mehr als eine Tonne wiegen. Um eine solide Verbindung sicherzustellen, wurden sämtliche Nieten mittels spezieller Rammen eingedreht beziehungsweise eingesteckt.

Die hinteren Ausleger der Propellernabe bestehen aus zwei Teilen, die in Mittschiffslinie durch solide hohe Flansche mit einem über das ganze Schiff reichenden Steg verbunden sind. Dieser Steg ist wiederum mit einer fünf Zentimeter dicken, besonders vergüteten Stahlplatte vernietet, die über beide Schiffsseiten reicht. Die wuchtigen Gussstücke sind mittels Nieten sicher mit dem Hintersteven, der Außenhautbeplattung, den Böden und Spanten des Schiffes verbunden. Die Nabenmitten der Außenpropellerwellen sind an den hinteren Lagerböcken 11,80 Meter hoch, und die Propellernaben haben einen Durchmesser von 1,60 Meter. Die Einführung der vorderen Lagerböcke, die die Schiffsfestigkeit in diesem Bereich erhöhen, ist beachtenswert. In diesem Fall wurden auch die beiden Ausleger aus getrennten Teilen gefertigt und mit Bolzen entlang der Mittschiffslinie verbunden, sodass das Ganze sicher an der Beplattung und den Spanten des Schiffes befestigt ist.

Das Ruder aus stabilem Stahlguss wurde in fünf Sektionen gebaut, die mit unterschiedlichen Bolzen zwischen fünf und neun Zentimeter Durchmesser aneinandergekoppelt wurden. Der Ruderstock besteht aus Schmiedestahl mit 60 Zentimeter Durchmesser, hergestellt aus einem speziellen Rohling derselben Qualität, wie man sie auch für Geschützläufe verwendet. Bei Fertigstellung des Schmiedeteils wurde eine Inspektionsöffnung durch den Ruderstock gebohrt, um Materialfehler ausschließen zu können. Die Gesamthöhe des Ruders beträgt 24 Meter, die Breite 4,65 Meter. Die Ruderhaken aus hochfestem Stahl haben 28 cm Zentimeter Durchmesser und sind so angeordnet, dass sie einen eigenen Anteil am Rudergewicht übernehmen, das auf hochfesten Stahlscheiben innerhalb der Ruderöse gelagert ist. Eine Besonderheit ist die Anordnung der Unterseite des Ruders: die Schraubenwinden können im Trockendock zum Anheben des Ruders verwendet werden. Die Vorstevenschiene ist aus gewöhnlichem Walzprofil und durch ein Stahlgussstück mit dem Mittelkielschwein und dem Schiffskiel verbunden. Eine Besonderheit ist auch die aus Stahlguss gefertigte, im oberen Bereich der Vorstevenschiene angebrachte Ankerklüse zur Aufnahme der Stahltrosse für den mittig angeordneten Buganker.

WASSERDICHTE UNTERTEILUNG. Die wasserdichte Unterteilung der OLYMPIC und TITANIC ist sehr umfassend und so angeordnet, dass immer zwei Abteilungen geflutet werden können, ohne dass dadurch die Sicherheit des Schiffes beeinträchtigt wird. Es gibt 15 wasserdichte Querschotten, die am vorderen Schiffsende vom Doppelboden bis zum Oberdeck und am hinteren Schiffsende bis zum Salondeck, in beiden Fällen also bis weit über die Wasserlinie, reichen. Der Raum mit den Kolbendampfmaschinen ist bei einer Länge von 21 Meter die größte Abteilung, wobei der Turbinenraum eine Länge von 16,40 Metern aufweist. Die Kesselräume sind generell 17,30 Meter lang, ausgenommen der dem Kolbendampfmaschinenraum am nächsten gelegene. Die Laderäume sind 15,20 Meter lang.

Die wasserdichten Türen für den Durchgangsverkehr zwischen den verschiedenen Kesselräumen und den Maschinenräumen schließen, wie bei White-Star-Schiffen üblich, nach unten fallend. Es handelt sich hier um eine schwere Spezialausführung von Harland & Wolff, geschützt durch Ölkatarakte zum Regulieren der Verschlussgeschwindigkeit. Jede Tür wird durch eine geeignete Rutschkupplung in geöffnetem Zustand gehalten, die jederzeit von der Brücke aus mithilfe eines starken Elektromagneten ausgelöst werden kann, sodass der Kapitän im Falle einer Störung oder jederzeit sonst, wenn es erforderlich ist, durch einfaches Umlegen eines Elektroschalters die Türen im gesamten Schiff schließen kann, wodurch das Schiff praktisch unsinkbar ist. Jede Tür kann außerdem durch Betätigen eines mit der Rutschkupplung verbundenen Hebels von unten geschlossen werden. Als weitere Vorsichtsmaßnahme sind Schwimmer unterhalb des Bodens vorhanden, die sich im Falle eines unvorhergesehenen Wassereintritts in einer der Abteilungen automatisch anheben und die in diese Abteilung führende Tür schließen, sofern diese nicht bereits durch die auf dem Schiff Diensthabenden heruntergefahren wurde.

Für jeden Kessel- und Maschinenraum sowie jede ähnliche wasserdichte Abteilung ist eine Leiter oder ein Notausstieg vorgesehen, damit die hier arbeitenden Männer durch das Schließen der Türen nicht in den Räumen gefangen werden. Um das Risiko eines solchen Vorfalls zu verringern, sind in der Nähe jeder Tür elektrische Alarmglocken angebracht, die vor dem Schließen der Türen läuten und die hier unten Arbeitenden warnen.

BAUSTUFEN DER OLYMPIC. Die Arbeit an beiden Schiffen schritt in sehr zügiger Weise voran. Die erste Kielplatte der OLYMPIC wurde am 16. Dezember 1908 gelegt, bereits am 10. März war der Doppelboden komplett zusammengefügt und die hydraulisch vorgenommenen Nietarbeiten waren gut vorangekommen. Die gesamten Seitenspanten wurden, beginnend am Heck, am

20. November 1909 fertiggestellt, und am 15. April 1910 war die Beplattung beinahe vollständig vernietet. Wie allgemein bekannt, wurde das Schiff am 20. Oktober 1910 vom Stapel gelassen, und es brauchte anschließend nur sieben Monate bis zur Fertigstellung der Folgearbeiten. In Anbetracht der Abmessungen des Schiffes wird dies als eine großartige Leistung aller Beteiligten anerkannt.

~Fertigstellung~

Nach dem Stapellauf wurde die OLYMPIC am neuen Tiefwasserkai der Belfaster Hafenbehörde festgemacht, um den Einbau der Antriebsanlage zu vollenden. Zu diesem Zweck wurde der werfteigene 200-Tonnen-Schwimmkran eingesetzt. Am 1. April 1911 wurde sie im neuen Trockendock der Belfaster Hafenbehörde eingedockt, das den Ruf genießt, das weltgrößte Trockendock unserer Zeit zu sein. Ende Mai 1911 wurde die OLYMPIC fertiggestellt. Eine bemerkenswerte Leistung, insbesondere wenn man bedenkt, dass Harland & Wolff im selben Zeitraum die beiden White-Star-Tender NOMADIC und TRAFFIC für den Einsatz in Cherbourg sowie drei andere Linienschiffe fertiggestellt und darüber hinaus den Stapellauf der TITANIC vorbereitet haben. Mit der Fertigstellung der OLYMPIC waren 3.000 bis 4.000 Männer an Bord und in den Werkstätten beschäftigt. Die Gesamtzahl der zu jener Zeit bei der Werft beschäftigten Männer betrug etwa 14.000.

Die TITANIC und OLYMPIC auf der Helling

BAUSTUFEN DER TITANIC. Der Arbeitsverlauf auf der TITANIC entspricht den Beschreibungen der OLYMPIC. Die Schiffe wurden, wie bereits erwähnt, auf nebeneinanderliegenden Plätzen gebaut. Es ist jedoch interessant zu vermerken, wann die endgültigen Baustufen des zweiten Schiffes abgeschlossen wurden. Der Kiel wurde am 31. März 1909 gelegt, etwa drei Monate nach dem der OLYMPIC. Am darauffolgenden 15. Mai wurden bei der TITANIC die Spanten bis zur Höhe des Doppelbodens errichtet. Die vollständige Aufstellung der Spanten war am 6. April 1910 abgeschlossen, nur ein Jahr nach der Kiellegung. Die Beplattung des Schiffes erfolgte bis zum 19. Oktober 1910, und am 31. Mai 1911 fand der Stapellauf statt, der sich ähnlich wie bei der OLYMPIC gestaltete.

DIE ANTRIEBSANLAGE. Die Kombination von Kolbendampfmaschinen mit einer Parsons-Niederdruckturbine, wie sie für die Antriebsanlage der OLYMPIC und TITANIC Anwendung fand, ist eines der neuesten Beispiele für den Fortschritt im Schiffsmaschinenbau. Die überragende Wirtschaftlichkeit des Systems ist auf die Tatsache zurückzuführen, dass die erhöhte Leistung mit dem gleichen Dampfverbrauch erzielt wird, indem – anders als bei einer Kolbendampfmaschine – der Dampf in der Niederdruckturbine über die üblichen Grenzen hinaus expandiert wird. Harland & Wolff waren unter den Ersten, die die Vorteile einer kombinierten Anordnung erkannten und das System in der Praxis testeten. Diese Tests führte man an der bereits erwähnten LAURENTIC durch, und die bei diesem Schiff gewonnenen positiven Erfahrungen führten zur Einführung der kombinierten Maschinenanlage an Bord der neuen White-Star-Schiffe und weiterer in Belfast gebauter und in Bau befindlicher Schiffe.

ANORDNUNG DER MASCHINENANLAGE. Wie aus den Generalplänen der Schiffe hervorgeht, wird an Bord der OLYMPIC und TITANIC nahezu der gesamte Raum unterhalb des Oberdecks E durch die Dampferzeugungsanlage, die Kohlebunker und die Antriebsanlage in Beschlag genommen. Die Kesselanlage und die Bunker nehmen sechs wasserdichte Abteilungen mit einer Gesamtlänge von 97,30 Meter in Anspruch. Die Maschinenräume beanspruchen zusätzlich eine Länge von 37,40 Meter, und der Elektromotorenraum sowie die Wellentunnel belegen den verbleibenden Teil des Schiffes unterhalb des Orlopdecks. Die vorderen drei der insgesamt vier Schonsteine werden für die Kesselräume benötigt, während der vierte für Lüftungszwecke verwendet wird und daneben den Abzug der ausgedehnten Bordküchen beherbergt.

Wie hinlänglich bekannt ist, handelt es sich bei der OLYMPIC und TITANIC um Dreischraubendampfer. Jeder der beiden Außenpropeller wird von einem

Die TITANIC im Trockendock in Belfast

Satz Dampfkolbenmaschinen angetrieben, während der mittlere Propeller durch eine Niederdruckturbine bewegt wird. Angesichts des riesigen Umfangs der Baugruppen hielt man es für notwendig, die Letztgenannte in einer abgetrennten Abteilung hinter dem Kolbendampfmaschinenraum anzuordnen und durch ein wasserdichtes Schott von diesem zu trennen. Der Kolbendampfmaschinenraum ist unmittelbar hinter dem hintersten Kesselraum angeordnet und beherbergt zusätzlich zu den Hauptmaschinen eine größere Anzahl an Hilfsmaschinen. In den äußeren Ecken befinden sich die Hauptspeise- und Warmwasser- sowie die Bilge-, Sanitär-, Ballast- und Frischwasserpumpen, der Hilfskondensator, der Oberflächenvorwärmer und die Kontaktheizung, die hoch oben in einem Gehäuse auf der Mittschiffslinie angeordnet ist. Auf der Backbordseite wurde Raum für die ausgedehnte Kühlanlage gefunden, während sich an Steuerbord, in einigem Abstand zum Boden auf einer Ebene, eine große und mit Werkzeugmaschinen gut ausgestattete Maschinenwerkstatt befindet.

Der hintere Maschinenraum enthält darüber hinaus die Niederdruckturbine, die Hauptkondensatoren mit ihren Umlaufpumpen, Doppelluftpumpen usw., die Verdampfungs- und Destillieranlage, die Schmierölpumpen mit zwei Ölkühlern und eine Pumpe für den Kühlwasserkreislauf in diesen Kühlern, abgesehen von verschiedenen Pumpen für die Bilge und andere Zwecke.

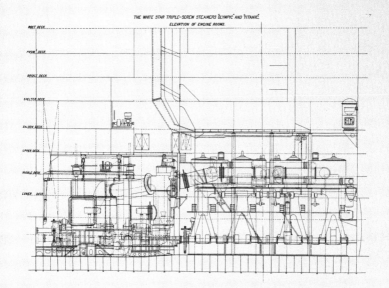

Seitenansicht der Schiffsmaschinenräume

KESSEL. Insgesamt gibt es in jedem Schiff 24 Doppelender- und fünf Einenderkessel, ausgelegt für einen Arbeitsdruck von 15,5 Tonnen pro Quadratmeter, der unter naturgegebenen Tiefgangbedingungen voraussichtlich eingehalten wird. Der hinterste Kesselraum mit der Nummer 1 beherbergt fünf Einenderkessel, die Kesselräume 2, 3, 4 und 5 enthalten fünf Doppelenderkessel, und der vorderste Kesselraum mit der Nummer 6 insgesamt vier Doppelenderkessel. In Anbetracht der großen Schiffsbreite war es möglich, jeweils fünf Kessel seitlich nebeneinander zu platzieren, außer im Kesselraum Nr. 6, wo angesichts des höheren Schlankheitsgrades nur vier Kessel nebeneinander montiert werden konnten.

Jeder der Doppelenderkessel mit einem Durchmesser von 4,80 Meter und einer Länge von 6,10 Metern besteht aus sechs Flammöfen, während die Einenderkessel bei gleichem Durchmesser und einer Länge von 3,60 Metern aus drei Flammöfen bestehen; insgesamt gibt es also 159 Flammöfen, je mit einem Innendurchmesser von 1,14 Meter, ausgestattet mit unverschraubten Stirnwänden. Die Roststäbe vom Typ Campbell wurden von Railton, Campbell & Crawford in Liverpool geliefert. Die Gehäuse der Einenderkessel sind aus einem Plattengang geformt, die Doppelenderkessel haben wie üblich drei Plattengänge. Sämtliche Gehäuseplatten sind aus 2,5 Zentimeter dickem Schiffbaustahl gefertigt.

42 KONSTRUKTION, BAU UND STAPELLAUF

In der Werkhalle von Harland & Wolff aufgestellte Kessel

Der letzte für die OLYMPIC *bestimmte Schornstein verlässt die Werkhalle.*

Die Anordnung der Steigrohre, durch die Rauch und Abgase in die Schornsteine befördert werden, ist notwendigerweise sehr aufwendig gestaltet. Nicht weniger als 20 Verzweigungen laufen von den Kesselräumen 3 und 4 in einem Schornstein zusammen. Die Verzweigungen von angrenzenden Kesselräumen laufen unmittelbar oberhalb des wasserdichten, die Räume trennenden Schotts zusammen. Somit bildet das Schott eine statisch wertvolle Stütze für die darüberliegenden Steigrohre und Schornsteine. Die vier Schornsteine haben einen elliptischen Querschnitt mit den Maßen 7,50 mal 5,80 Meter. Die durchschnittliche Höhe über den Ofengestängen beträgt 45,60 Meter. Wie eindrucksvoll diese Maße wirken, sieht man auf dem Foto oben.

ANORDNUNG DER BUNKER. Die Vorkehrungen zum Beladen und Einlagern der Kohle und die Zufuhr der Kohle in die Kesselräume an Bord der OLYMPIC und TITANIC sind das Ergebnis langjähriger Erfahrung. Die Bunker bestehen aus einem Zwischendeckbereich (zwischen Unter- und Mitteldeck) an jeder Schiffsseite, in den die Kohle zuerst befördert wird. Von dort aus gelangt sie in die Querbunker, die in jedem Kesselraum über die volle Schiffsbreite reichen. Die Heizer holen sich die Kohle durch Türen in den Endschotten der Querbunker, die sich auf Höhe der Kesselräume unmittelbar gegenüber den Öfen befinden. An den Enden der Bunker sind daher auch keine wasserdichten Türen erforderlich; jede Kesselreihe bekommt die erforderliche Kohlemenge in derselben wasserdichten Abteilung bereitgestellt, wobei die in der Mitte der Querbunker angeordneten Kesselräume durch wasserdichte Schotten unterteilt sind.

DIE KOLBENDAMPFMASCHINEN. Bei den zwei Kolbendampfmaschinen handelt es sich um direkt wirkende Vierzylinder-Dreifach-Umkehrexpansionsmaschinen, angelehnt an das System von Yarrow, Schlick und Tweedy und so angeordnet, dass der Dampf bei einem Druck von 15,5 Tonnen pro Quadratmeter aufgenommen wird und bei einem absoluten Dampfablassdruck von 6,55 Tonnen pro Quadratmeter wieder entweicht. Die Zylinder haben einen Durchmesser von 1,37, 2,13, 2,46 und 2,46 Meter, in allen Fällen mit einem Kolbenhub von 1,90 Meter. Von jeder Maschine wird eine Nennleistung von 15.000 PS bei 75 Umdrehungen pro Minute erwartet. Im Allgemeinen entspricht das Antriebskonzept der bei Harland & Wolff altbewährten Praxis. Die Bodenplatte der Maschine wiegt 195 Tonnen, die Stützen jeweils 21 Tonnen, und der schwerste Zylinder mitsamt Laufbuchse 50 Tonnen. Die beiden Niederdruckzylinder sind jeweils an beiden Enden der zwei Dampfmaschinen angeordnet, wie üblich mit integriertem Ausgleichssystem, wobei sich, von vorn betrachtet, Niederdruck-, Hochdruck-, Mitteldruck- und Niederdruckzylinder aneinanderreihen. Jeder Niederdruckzylinder ist mit zwei Schieberventilen ausgestattet, die vom Kreuzkopf aus durch eine einzige Reihe Stangenkulissen und Exzenter betätigt werden. Der Hochdruckzylinder ist mit einem einzigen Kolbenventil und der Niederdruckzylinder mit zwei Kolbenventilen ausgestattet, die in ähnlicher Weise auf die Doppelschieberventile der Niederdruckzylinder wirken. Die Ventile werden über eine Stephenson-Kulissensteuerung betätigt. Die Umsteuervorrichtung für jede Motorengruppe wird von einem handelsüblichen Brown-Motor angetrieben. Damit Letzterer, unabhängig vom erforderlichen Füllungsgrad der verschiedenen Zylinder, immer optimal läuft, verfügt jede Kulissenreihe über eine eigene separate Einstellung. In Anbetracht des zu bewegenden hohen Gewichts wurde für jeden Zylinderdeckel eine ausgefeilte, elektrisch bediente Hebevorrichtung erforderlich, wobei zusätzlich verschiedene Elektrowinschen für leichtere Maschinenteile vorgesehen waren. Die Drehvorrichtungen sind dampfgetrieben.

NIEDERDRUCKTURBINEN. Die Niederdruckturbine, in diesem Fall eine herkömmliche Parsons-Turbine, holt sich den Dampf von den Kolbendampfmaschinen bei einem absoluten Druck von 0,65 Tonnen pro Quadratmeter und Abgas bei 0,79 Tonnen pro Quadratmeter absolutem Druck. Es ist geplant, eine Wellenleistung von etwa 16.000 PS bei 165 Umdrehungen pro Minute zu erzeugen. Es wurde keine Rückwärtsturbine eingebaut, denn bei Manöverfahrt wird die mittlere Propellerwelle außer Betrieb genommen. Die Turbine hat enorme Ausmaße und bringt ein Gesamtgewicht von nicht weniger als 420 Tonnen auf die Waage. Der Rotor hat einen Durchmesser von 3,65 Meter und misst zwischen den äußersten Enden des ersten und letzten Schaufelkranzes in der Länge 5,15 Meter. Die von Parsons entwickelten Schaufeln bestehen aus gestrecktem Material mit Distanzstücken an den Schaufelfüßen und weichgelötetem Verbindungsdraht am Rand. Die Schaufeln variieren in der Länge zwischen 5,50 und 7,75 Meter. Der komplette Rotor hat ein Gewicht von 130 Tonnen. Im Reparaturfall stehen für das Drehen der Turbine sowohl ein Handhebel als auch ein Motorgetriebe zur Verfügung. Die Hebevorrichtung zum Entfernen der oberen Hälfte des Turbinengehäuses wird ebenfalls elektrisch angetrieben.

WELLENANLAGE UND PROPELLER. Die Kurbel- und Drucklagerwellen für die Kolbendampfmaschinen haben einen Durchmesser von 8,20 Meter, mit einem 2,74 Meter großen Loch durch die Mitte. Die Wellenleitung hat acht Meter und die Schwanzwelle 8,50 Meter Durchmesser, mit einem 3,65 Meter großen Loch durch die Mitte. Die Kurbelwelle für jede Maschine wiegt 118 Tonnen. Es gibt 14 Drucklagerkämme, sieben an jedem Wellenende, mit Platz für ein dazwischenliegendes Lager in der Mitte. Jede Schwanzwelle hat eine lose Kupplung, um ein Herausnehmen nach außenbords zu Prüfungszwecken zu erleichtern. Die Turbinenwelle hat einen Durchmesser von 6,23 Metern der sich zum Schwanzende auf 6,84 Meter hin vergrößert, mit einem Drei-Meter-Loch über die gesamte Länge der Wellenachse.

Die Außenpropeller der OLYMPIC haben drei Blätter und einen Durchmesser von 7,15 Meter. Die Propellernaben sind aus Gussstahl und die Propellerblätter aus Bronze. Der mittlere Propeller, auch Turbinenpropeller genannt, hat vier Blätter und ist aus robuster Manganbronze gebaut. Sein Durchmesser beträgt fünf Meter.

TELEGRAFEN. Die Maschinentelegrafen zur Übertragung von Kommandos von der Kapitänsbrücke an den Maschinistenstand sind handelsübliche Geräte, wie sie auf großen Schiffen anzutreffen sind, und bedürfen keines besonderen Kommentars. Zwischen dem Maschinistenstand und den verschiedenen Kesselräumen wurde ein System beleuchteter Telegrafen installiert, damit der wachhabende Ingenieur mit jedem Kesselraum kommunizieren und Kommandos geben kann. Von den elf zu überwachenden Kesselräumen ist der vorderste 97,30 Meter vom Maschinenraum entfernt, sodass die Notwendigkeit einer solchen Einrichtung einleuchtend ist. In jedem Kesselraum befinden sich fünf Melder, einer für jeden Kessel, die so eingestellt sind, dass immer nur die Mindestanzahl an Ofentüren zur selben Zeit geöffnet ist und sich bei den Doppelenderkesseln keine gegenüberliegenden Türen gleichzeitig öffnen.

SIGNALPFEIFEN. Die Signalpfeifen gehören zu den größten jemals hergestellten. Jeder Satz besteht aus drei Glockenschalen von 23, 38 und 30 Zentimeter Durchmesser, die auf einer 1,30 Meter hohen Abzweigplatte zusammengeschlossen sind. Auf den beiden vorderen Schornsteinen wurde je ein Satz befestigt. Die Signalpfeifen werden elektrisch bedient. Der Offizier auf der Brücke braucht nur einen Schalter umzulegen, um den Signalton auszulösen. Darüber hinaus gibt es eine elektrische und zeitgesteuerte Vorrichtung, bei der die Signalpfeifen bei schlechtem Wetter automatisch jede Minute für acht bis zehn Sekunden ertönen.

WILLETT BRUCE
STEAMSHIP WHISTLE CONTROL.

The only System that
ENSURES INSTANTANEOUS DRY BLASTS.

——— HAS NO EQUAL. ———

The Control is operated either by **ELECTRICITY** or **STEAM**
and with independent hand control.

ADOPTED BY THE FOLLOWING STEAMSHIP LINES:

White Star,	Bowring,	Red Star,
Cunard,	Atlantic Transport,	Cie. Gen. Trans.,
Allan,	Aberdeen,	Austro-Americana,
Bibby,	Shaw Saville & Albion,	Union S.S. Co. of N.Z.,
Brocklebank,	Royal Mail S.P. Co.,	Havana Coal Co.,
Booth,	American,	Messageries Maritimes,
		ETC., ETC.

OUR BELL WHISTLES OF SPECIAL DESIGN AND CAST FROM SPECIAL MIXTURE ARE UNSURPASSED.

For Full Particulars, etc.,

T. DOWNIE & Co., 5, Castle St., Liverpool.

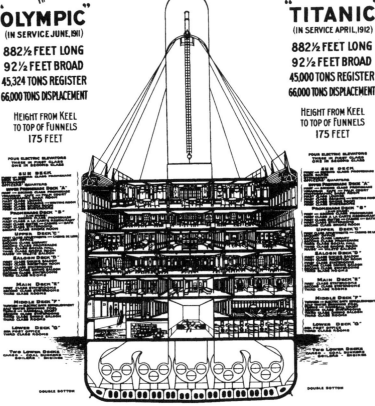

Abschnitt 3

Hinweise für Passagiere

Die Ankunft von Neptuns neuesten und größten Bezwingern, den riesigen Dreischraubendampfern OLYMPIC und TITANIC der White Star Line, steht für ein Zeitalter des Fortschritts beim Transport von Passagieren über den Ozean. Die alles übertreffenden Abmessungen dieser Schiffe haben es möglich gemacht, dass Passagierunterkünfte mit äußerster Großzügigkeit geplant werden konnten, die um Längen größer sind als auf allen anderen Dampfschiffen. In der Tat sind im Vergleich mit diesen herrlichen, krönenden Errungenschaften der Seefahrt des 20. Jahrhunderts die größten Gebäude und Denkmäler der Welt auf Zwergenmaß geschrumpft. Hinsichtlich der Schönheit und des Komforts der Ausstattung in Verbindung mit der unübertroffenen Kochkunst und dem Service der White Star Line hat man mit den besten Hotels der Welt mehr als nur gleichgezogen. In den Kabinen hat man jeden Wunsch der Passagiere vorausgeahnt und für jede erdenkliche Bequemlichkeit gesorgt, während die öffentlichen Räume wegen ihrer atemberaubenden Schönheit ebenso wie ihres riesigen Platzangebots und ihrer außergewöhnlichen Höhe überaus ansprechend sind.

~*Die Anordnung der Decks*~

Auf dem Schiff gibt es zehn Decks, die von unten nach oben wie folgt benannt sind: unteres Orlopdeck, Unterdeck, Mitteldeck, Oberdeck, Salondeck, Shelterdeck, Brückendeck, Promenadendeck und Bootsdeck. Die Passagierdecks – Promenaden-, Brücken-, Shelter-, Salon-, Ober-, Mittel- und Unterdeck – sind nach dem Alphabet mit A, B, C, D, E, F und G bezeichnet. Zwei der Decks be-

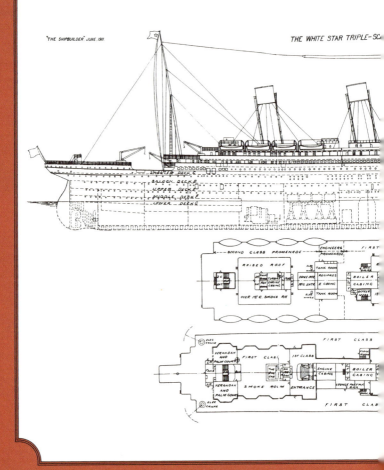

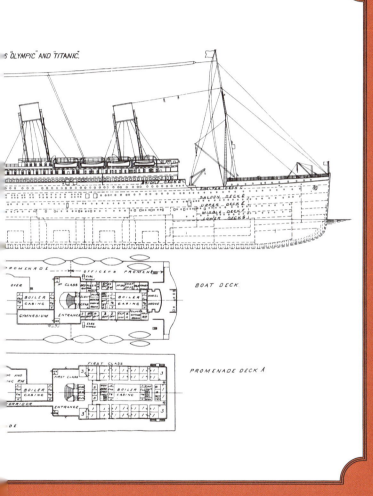

"THE SHIPBUILDER, JUNE 1911.

THE WHITE STAR TRIPLE-

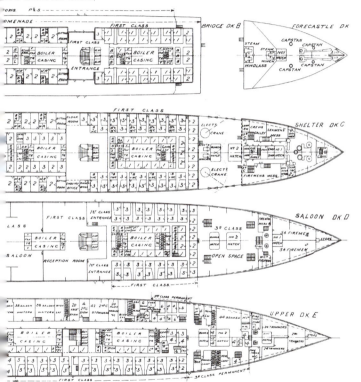

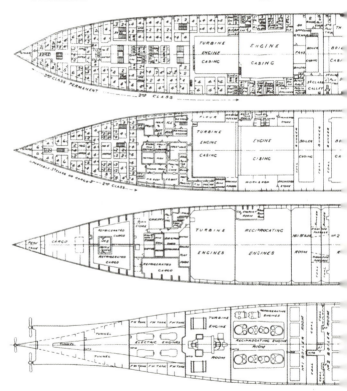

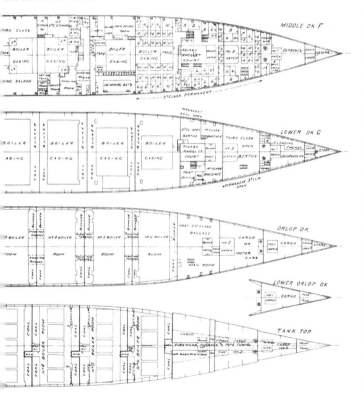

finden sich oberhalb der geschlossenen Schiffsstruktur. Das untere Orlopdeck, das Orlopdeck und das Unterdeck reichen nicht über die komplette Länge der Schiffsstruktur, sondern sind im Bereich der Maschinenräume unterbrochen. Das Brückendeck erstreckt sich über eine Länge von 167,60 Meter über den Mittschiffsbereich, das Back- und das Poopdeck auf derselben Deckshöhe sind 39 beziehungsweise 32,30 Meter lang. Auch das Promenaden- und das Bootsdeck sind mehr als 152 Meter lang.

Die Passagiere der ersten Klasse sind auf fünf Ebenen vom Ober- bis zum Promenadendeck untergebracht. Die Passagiere der zweiten Klasse haben ihre Unterkünfte auf dem Mittel-, Ober- und Salondeck und die Passagiere der dritten Klasse auf dem Unterdeck vorn und achtern sowie auf dem Mittel-, Ober- und Salondeck achtern.

~Passagierunterkünfte~

Den Passagieren der ersten Klasse stehen auf dem Brückendeck 30 und auf dem Shelterdeck 39 Suiten zur Verfügung. Diese können durch Verbindungstüren zu Wohngruppen mit Suiten, Schlafräumen, Bädern usw. kombiniert werden. Auf jedem der beiden Decks sind auf beiden Seiten in der Nähe der Treppenhäuser benachbarte Räume als Wohn- oder Speiseraum eingerichtet.

Insgesamt gibt es annähernd 350 Erster-Klasse-Räume, 100 davon Einzelkabinen. Es gibt Unterkünfte für mehr als 750 Erster-Klasse-Passagiere. In der zweiten Klasse sind die Räume für mehr als 550 Passagieren als Zwei- und Vierbettkabinen ausgelegt. Den Passagieren der dritten Klasse steht eine große Zahl umwandeter Kojen zur Verfügung, wobei es 84 Doppelkabinen gibt. Die Gesamtzahl der Fahrgäste in der dritten Klasse liegt bei mehr als 1.100.

Auf die Anordnung der Passagierunterkünfte wurde sehr viel Sorgfalt verwendet. So gibt es am vorderen Ende der ersten Klasse ein vom Boots- bis zum Oberdeck reichendes Haupttreppenhaus mit großen Korridoren auf jeder Ebene, während sich weiter achtern ein vom Promenaden- zum Shelterdeck reichendes Treppenhaus befindet. In der zweiten Klasse gibt es zwei Treppenaufgänge: einen vom Boots- zum Mitteldeck und den anderen vom Brücken- zum Mitteldeck. Die öffentlichen Räume der zweiten Klasse befinden sich dazwischen: der Rauchsalon auf dem Brückendeck, die Bibliothek auf dem Shelterdeck und der Speisesaal auf dem Salondeck. Die Kabinen der ersten und zweiten Klasse befinden sich auf dem Salon-, dem Ober- und dem Mitteldeck. Für die Passagiere der ersten Klasse sind in den Haupttreppenhäusern drei Fahrstühle eingebaut, ein anderer im Haupttreppenhaus für die Passagiere der zweiten Klasse. Die Fahrstühle der ersten Klasse reichen vom Oberdeck bis zum Promenadendeck und verfügen über Eingänge auf jedem Deck. Der Fahrstuhl der zweiten Klasse reicht vom Mitteldeck bis zum Bootsdeck.

Grundriss der Suiten auf dem B-Deck

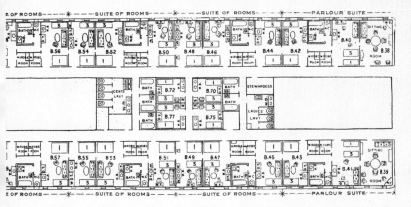

~Anordnung der Räume~

Auf dem Bootsdeck befinden sich die Unterkünfte für den Kapitän und die Offiziere sowie der Rauchsalon und die Messe. Auch die Marconi-Telegrafieanlage ist in diesem Bereich untergebracht, zum vorderen Ende hin, anschließend an das Ruderhaus und die Kommandobrücke. Das auf diesem Deck endende Haupttreppenhaus der ersten Klasse hat über dem geräumigen Eingang eine stattliche Kuppel und an diesen Eingang angrenzend eine große Turnhalle mit modernster Ausstattung. Der Raum ist 13,40 Meter lang, 5,50 Meter breit und 2,90 Meter hoch und, dank der acht außergewöhnlich großen Fenster, von Sonnenlicht durchströmt. Hier können die Passagiere verschiedenen Aktivitäten wie Reiten, Radfahren, Rudern usw. frönen und, abgesehen vom grenzenlosen sportlichen Spaß, wohltuende Leibesübungen absolvieren.

Vorn auf dem Promenadendeck befinden sich für die Passagiere der ersten Klasse eine große Anzahl Einzelkabinen, das 12,50 mal 12,50 Meter große Lese- und Schreibzimmer und, daran anschließend, die 18 mal 19,20 Meter große Lounge. Noch weiter achtern befinden sich der 19,80 mal 18,60 Meter messende Rauchsalon und der in zwei jeweils 9,10 mal 7,60 Meter große Räume unterteilte Veranda Palm Court. Das Brückendeck verfügt neben den Suiten über ein 18,20 mal 13,70 Meter großes À-la-carte-Restaurant..

Fahrstühle der ersten Klasse (oben) – Squashfeld (Mitte) – Turnhalle (unten)

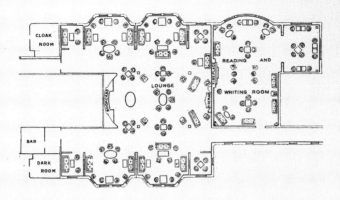

Lageplan der Erste-Klasse-Lounge und des Lese- und Schreibzimmers auf dem A-Deck

Auf dem Shelterdeck gibt es eine große Anzahl Erste-Klasse-Kabinen und -Suiten, Speisesäle eigens für Dienstmädchen und Diener, Marconi- und Postbedienstete sowie Büros in der Eingangshalle. Hinter dem Mittschiffsbereich befindet sich die 17,60 mal 12,20 Meter große Bibliothek der zweiten Klasse. Der Rauchsalon und der Hauptsaal der dritten Klasse befinden sich auf dieser Ebene unter dem Poopdeck.

Das Salondeck beherbergt, wie der Name schon sagt, überwiegend Speisesäle. Hinter dem großen Treppenhaus erstreckt sich die 16,40 Meter lange Empfangshalle über die volle Schiffsbreite. Sie führt zum ebenfalls über die volle Schiffsbreite reichenden Speisesaal mit 34,70 Meter Länge und 532 Sitzplätzen. Die Pantrys und Küchen befinden sich dahinter, gefolgt vom ebenfalls über die gesamte Breite reichenden 21,60 Meter langen Speisesaal der zweiten Klasse, in dem 394 Personen Platz finden. Die Kabinen der ersten Klasse befinden sich am vorderen Ende des Haupttreppenhauses der ersten Klasse und sind für die Unterbringung von ein, zwei oder drei Passagieren eingerichtet. Die Kabinen der zweiten Klasse befinden sich unmittelbar hinter dem Zweiter-Klasse-Speisesaal. Noch weiter achtern sind die Kabinen der dritten Klasse zu finden.

Auf der Steuerbordseite des Oberdecks gibt es zudem noch weitere Unterkünfte für Erste-Klasse-Passagiere, in Ein-, Zwei, und Dreibettkabinen. Die Unterkünfte der Stewards und des Restaurantpersonals befinden sich an Backbord, auf der anderen Seite des Bedienungsgangs. Auf diesem Deck befinden sich auch Kabinen der zweiten und dritten Klasse.

Mittschiffs auf dem Mitteldeck befindet sich der über die volle Schiffsbreite reichende, 30,40 Meter lange Speisesaal der dritten Klasse mit Sitzplätzen für

473 Passagiere. Daran angrenzend befinden sich die Küchen, Pantrys usw. der dritten Klasse. Am vorderen Ende befinden sich, in günstiger Lage zum Haupttreppenhaus der ersten Klasse, die türkischen Bäder einschließlich Dampfbad und Wärmeraum sowie Räume mit moderaten, kühleren Temperaturen und zum Einschäumen. Von hier aus bequem zu erreichen sind die beiden elektrischen Bäder und ebenso ein geräumiges Schwimmbad. Dieses ist 9,10 Meter lang und 4,30 Meter breit und wie ein modernes Schwimmbad an Land ausgestattet. Achtern auf diesem Deck befinden sich Kabinen der zweiten Klasse und sowohl vorn wie achtern Kabinen der ersten und dritten Klasse.

Eine weitere Neuheit an Bord dieses Schiffes ist der Squashraum. Das Spielfeld befindet sich auf dem Unterdeck und erstreckt sich auf einer Länge von 9,10 Meter über zwei Decks nach oben. Am hinteren Ende des Spielfelds befindet sich auf der Mitteldeckebene ein Zuschauersaal. Die hervorragend ausgestatteten Unterkünfte der Heizer befinden sich am vorderen Schiffsende auf dem Unter-, Mittel-, Ober- und Salondeck, von wo aus die Kesselräume über zwei Wendeltreppen und einen Tunnel schnell zu erreichen sind. Durch diese Anordnung sind die Heizer voll und ganz von den Passagierunterkünften getrennt. Die Quartiere der Ingenieure befinden sich auf dem Mitteldeck und die Messe, Pantrys, Büros usw. auf dem darüberliegenden Deck, abseits des Betriebsgangs.

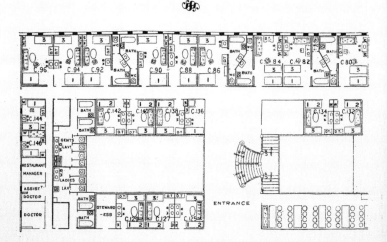

Lageplan mit typischen Spezialkabinen auf dem C-Deck

Das Schwimmbad

~*Das Dekor*~

Es ist unmöglich, die dekorative Gestaltung der Passagierunterkünfte angemessen zu beschreiben; man muss das Schiff gesehen und mit eigenen Augen begutachtet haben, um deren Besonderheiten umfassend würdigen zu können; es ist eine noch nie dagewesene Pracht. Noch nie zuvor ist Derartiges auf einem der Weltmeere in Erscheinung getreten. Die folgenden Kurzbeschreibungen einiger wichtiger Räume vermitteln, zusammen mit den Illustrationen, ein Bild von der künstlerischen Bearbeitung und der luxuriösen Ausstattung.

Promenaden

Die Promenaden der ersten Klasse auf den oberen drei Schiffsdecks sind außerordentlich elegant gestaltet. Die gesamte Promenade auf dem Brückendeck (B-Deck) ist vollständig umschlossen. Es handelt sich um einen mehr als 121,60 Meter langen, an jeder Schiffsseite mindestens vier Meter breiten, prunkvoll ausgestatteten Bereich mit einer stabilen Seitenfensterfront. Die Fenster können nach Belieben hoch- oder heruntergefahren werden– eine Einrichtung, die sich auf den neuen Schiffen größter Beliebtheit erfreut –, wodurch die Passagiere sich der von ihnen bevorzugten Bedingungen erfreuen können, dabei vor

Wettereinflüssen geschützt sind und gleichzeitig den ungehinderten Blick auf den Horizont genießen können.

Das darubergelegene Promenadendeck (A-Deck) ist das Haupt-Promenadendeck und ausschließlich den Passagieren der ersten Klasse vorbehalten. Diese herrliche Promenade ist mehr als 152 Meter lang und verfügt teilweise über mehr als 9,10 Meter Breite. Sie wird durch das Deck darüber überdacht, ist aber an den Seiten, oberhalb des Schanzkleides und der Reling, offen.

Das oberste Deck, Bootsdeck genannt, ist ebenfalls als Erster-Klasse-Promenade vorgesehen. Es ist 60,80 Meter lang und reicht über die gesamte Schiffsbreite. Dieses Deck wird nur vom offenen Himmelszelt überragt.

Die für die zweite Klasse bestimmten Promenaden sind gleichfalls sehr weitläufig und am hinteren Ende des Bootsdecks bis zu 44,10 Meter lang. Es gibt auf dem Shelterdeck, an den Seiten gegenüber der Zweiter-Klasse-Bibliothek, auch einen 25,50 Meter langen umschlossenen Bereich mit Schiebefenstern.

Die Passagiere der dritten Klasse haben eine Promenade auf dem Shelterdeck, im hinteren Versaufloch, sowie einen großen, mit Tischen und Sitzgelegenheiten ausgestatteten, überdachten Bereich vorn auf dem D-Deck.

Speisesaal der ersten Klasse

Der riesige Raum wurde in einem besonderen englischen Stil dekoriert, der auf angesehene Architekten des frühen Jakobinischen Zeitalters zurückgeht. Er hebt sich von den meisten größeren Sälen jener Epoche ab, insbesondere weil er in geweißter anstatt in dunkler Eiche getäfelt wurde, wie es die Werften im 16. und 17. Jahrhundert getan hätten.

Die Details wurden den prachtvollen Dekorationen der Haddon Hall in Hatfield und anderen großen Häusern jener Zeit nachempfunden. Die gewölbten und reichhaltig modellierten Decken sind charakteristisch für das kunstvolle Stuckateurhandwerk jener Zeit. Die Eichenmöbel passen sich harmonisch in ihre Umgebung ein und verzichten zugleich auf die asketische Vernachlässigung des Komforts – welche unsere Vorfahren jedoch nicht davon abhielt, ihre Mahlzeiten zu genießen.

532 Passagiere können hier zur selben Zeit speisen, und wenn wir in dem Raum zwischen den Stuhlgruppen umherschlendern, so ist zu erkennen, wie sorgfältig darauf geachtet wurde, dass kleinere Gesellschaften in einer halbprivaten Atmosphäre dinieren können. Wir sehen verschiedene zurückgesetzte Ecken, in denen Familien oder Freunde praktisch allein miteinander speisen können, abseits von der umgebenden Geräuschkulisse.

Empfangsraum

Der Empfangsraum zeichnet sich durch Erhabenheit und Schlichtheit aus. Seine schön proportionierten weißen Wandvertäfelungen im jakobinischen Stil mit filigran geschnitzten Flachreliefs bilden einen angemessenen Rahmen für die wahrscheinlich großartigste Inszenierung auf dem Schiff: das Dinner – die wichtigste Zeit auf einem seegehenden Schiff, in welcher die Gäste sich im Speisesaal einfinden, um sich über ihre Erlebnisse des Tages auf dem Squashfeld, in der Turnhalle, im Kartenspielraum oder im türkischen Bad auszutauschen.

Die hübschen bronzenen Deckenleuchten oder die Wandkonsolen reflek-

Speisesaal der ersten Klasse

tieren ihr Licht hundertfach auf den funkelnden Juwelen der Damen in ihren prachtvollen Abendkleidern und auf den schwarzen Fräcken und den weißen Hemden der im Raum versammelten Herren. Einige der Passagiere stehen mit staunendem Blick vor dem prachtvollen, in der Tapisserie von Aubusson eigens gewebten Gobelin direkt gegenüber dem Treppenhaus. Oder sie warten auf einem der opulenten, floral gemusterten und mit Wolldamast gepolsterten Chesterfieldstühlen oder den in gewissen Abständen verteilten, komfortablen Rattanmöbeln auf ihre Freunde. Auf einem dunklen, farbenprächtigen Teppich, der die Zartheit und Finesse der Wandvertäfelungen noch hervorhebt und im Kontrast zu den hellen Kleidern der Damen steht, versammelt sich diese Gesellschaft zu einer Apotheose des Luxus und Komforts auf hoher See. Was, wenn nicht dieser gediegene Raum im jakobinischen Stil, wäre angemessener, um sich an jene Zeit zu erinnern, als die Pilgerväter von Plymouth aus auf ihrer einfach gezimmerten Bark aufbrachen, um den Elementen des Meeres zu trotzen!

Einen weiteren Empfangsraum in Form einer großen und geräumigen, im georgianischen Stil dekorierten Lounge gibt es auch im Anschluss an das Restaurant. Hier treffen sich Freunde und Gruppen, bevor sie ihre Plätze zum Speisen einnehmen. Die eleganten Sofas und Polstersessel sind in karminroter Seide mit geschmackvollen Stickereien bezogen. Die aufwendige Bearbeitung und die sorgfältig proportionierten Wandpaneele mit ihren reich geschnitzten Gesimsen und den umschließenden Zierleisten bilden ein eindrucksvolles, dem Auge schmeichelndes Ganzes. In diesem Raum ist auch die Kapelle untergebracht.

Restaurant

Das Restaurant ist im Stil der Epoche Ludwigs XVI. gestaltet und vom Boden bis zur Decke mit wunderschön gemasertem, zart beigebraunem französischem

Restaurant-Empfangsraum

Nussbaumholz vertäfelt. Die Zierleisten und Ornamente sind reich geschnitzt und vergoldet. In der Mitte der großflächigen Paneele hängen elektrische Glühlampenhalter aus fein ziseliertem vergoldetem Messingguss. Auf der rechten Seite des Eingangs befindet sich ein Tresen mit Marmorplatte im Pfirsichblütendekor, gehalten durch Verkleidungen und Wandpfeiler, welche das Design der Wandpaneele aufgreifen.

Der Raum ist, als unverwechselbare Neuheit, durch große Erkerfenster gut ausgeleuchtet und vermittelt ein Gefühl von Geräumigkeit. Drapiert sind sie mit rehbraunen Seidenvorhängen mit geblümten Bordüren und reich bestickten Querbehängen. Die Fenster selbst sind durch verzierte Metallleisten in Quadrate unterteilt. Bei der Anfertigung jedes kleinen Details, bis hin zu den Schienenbefestigungen und Fensterscharnieren, wurde auf stilistische Reinheit geachtet.

Die Decke ist aus Gips gefertigt und mit behutsam in Flachrelief modellierten Blüten versehen, die in der Mitte ein stilisiertes Spalier und an den Erkern Girlanden darstellen. An verschiedenen gut ausgewählten Punkten hängen Lichtertrauben, die mit ziseliertem Goldmetall und Kristallen verziert sind.

Der Fußboden ist mit einem schweren Axminster-Florteppich bedeckt. Seine unaufdringliche, der Epoche entsprechende Gestaltung findet sich in zierlichen alten Rosen wieder, die einen wunderbaren Hintergrund bilden und das harmonische Ensemble vervollständigen.

Auch bei der Raumaufteilung hat man wohlbedacht den Komfort im Blick gehabt. Der Raum ist mit kleinen Tischen zur Aufnahme von zwei bis acht Personen möbliert und mit Kristallleuchten sowie rosafarbenen Lampenschirmen als Tischbeleuchtung ausgestattet.

Großes Augenmerk wurde insbesondere auf die Stühle verwendet. Sie sind wie die Wände aus hellem französischem Nussbaumholz gefertigt, mit Schnitzereien und einer gewachsten Oberfläche versehen sowie mit einer interessanten Tapisserie gepolstert, die mit einem Gitterwerk von dezent getönten Rosen die Harmonie der Farben insgesamt unterstützt.

Für mehr Bequemlichkeit bei der Bedienung stehen verschiedene Speiseaufzüge zur Verfügung, welche die Stützpfeiler umschließen und so einen Teil der dekorativen Gestaltung bilden. Auf der einen Seite befindet sich, teilweise in einer Nische und erhöht auf einem Podest, ausreichend Platz für ein Orchester, beiderseits flankiert von einem geschnitzten Buffet, in dem oben in einer Vitrine das Tafelsilber und im unteren Teil das Essbesteck liegen.

Das Café Parisien, eine absolute Neuheit auf einem Schiff, wurde an das Restaurant angegliedert. Hier können Mittags- und Abendmahlzeiten unter denselben ausgezeichneten Bedingungen und mit allen Vorzügen des Restaurants serviert werden. Dieses Café, geschmackvoll dekoriert mit französischem

Das Haupt-Treppenhaus

Gitterwerk mit Efeu und anderen Kletterpflanzen, vermittelt mit den komfortablen Tischen und den um diese gruppierten Stühlen den Eindruck einer reizvollen sonnigen Veranda.

Treppenhäuser und Eingänge

Wir verlassen das Deck und durchqueren eine der Türen, die uns ins Schiffsinnere hineinlassen. Und, wie von Zauberhand verlässt uns auf einmal das Gefühl, auf einem Schiff zu sein. Stattdessen scheint es so, als würden wir in die Eingangshalle eines großen Hauses an Land eintreten. Die gediegene und schlichte Eichenholzvertäfelung an den Wänden sind an einigen Stellen mit aufwendigen Schnitzarbeiten ausgestaltet.

In der Mitte der Halle ragt ein elegant geschwungenes Treppenhaus empor, dessen Balustrade durch ein helles eisernes Ornament-Rollwerk getragen wird, hier und da mit einem Hauch Bronze in Form von Blüten und Laub. Über allem schwebt eine große Kuppel aus Eisen und Glas und lässt Licht hineinströmen. Auf dem Treppenabsatz darunter verbreitet eine große, geschnitzte Tafel eine Andeutung von Pracht, im Kontrast zu der ansonsten eher schlichten Bauweise der Wand. Die Tafel enthält eine Uhr, die auf jeder Seite von einer Frauenfigur eingerahmt ist: Symbol für Ehre und Ruhm, welche die Zeit krönen. Wenn wir über die Balustrade schauen, sehen wir die zu den vielen darunterliegenden Decks führenden Stufen, und wenn wir uns zur Seite wenden, ersparen wir uns die Mühe des Auf- und Abstiegs und betreten einen der sanft gleitenden Aufzüge, der uns schnell auf jedes der zahlreichen Decks bringt, das wir besuchen möchten.

Das Treppenhaus gehört zu den wichtigsten Besonderheiten des Schiffes und wird allseits in höchstem Maße bewundert als das zweifellos am schönsten verarbeitete Exemplar seiner Art auf einem Schiff.

Die Lounge

Die Lounge, der dem Lesen, der Konversation, dem Kartenspiel und Teetrinken sowie etlichen anderen gesellschaftlichen Aktivitäten gewidmete Raum, ist in einem Stil dekoriert, der in Frankreich zur Zeit Ludwigs XV. en vogue war, als gesellschaftlicher Umgang zur schönsten der schönen Künste gehörte und der Salon zu einer Arena wurde, in der die scharfsinnigsten Geister ihrer Zeit die Schwerter kreuzten und die heikelsten Gesprächsduelle ausfochten. Heute wie damals ist der britische Handwerker führend in der Herstellung fein geschnitzter Wandvertäfelungen, wobei die Fantasie des Schnitzers allenthalben in jedem Detail für sich selbst spricht.

Erste-Klasse-Lounge

Wenn die Unterhaltung langweilig wird, können wir hier dem Bridge- oder Whistspiel frönen, uns mit einem Buch oder unseren Briefen an einen Ort der Muße zurückziehen, der sich dem umsichtigen Entdecker anbietet. Die Sessel und Sofas sind jedoch so weich und gemütlich, dass der Anreiz zum Schlaf leicht die Oberhand gewinnt – zu Lasten unserer literarischen Bemühungen.

Rauchsalon der ersten Klasse

Rauchsalon und Veranda

Die Wände sind mit feinstem Mahagoni vertäfelt, geschnitzt nach dem Geschmack unserer georgianischen Vorfahren, und überall aufgelockert mit Einlegearbeiten aus Perlmutt. Wenn wir hier, wie zu Hause, um das Kaminfeuer herumsitzen, können wir uns an den erlesenen Gemälden erfreuen – wie jenes mit dem Titel »Der Neuen Welt näher kommen« von Norman Wilkinson, das im Rauchsalon der OLYMPIC hängt, oder »Das Verlassen des Hafens von Plymouth« im Rauchsalon der TITANIC – und es uns dabei mit Bedacht und Genuss beim Rauchen und einem Drink gut gehen lassen.

Das Licht scheint wohltemperiert und weich durch die bemalten Fenster, wo der Reisende auf die Abbildungen der Häfen und besonders schönen Fleckchen Erde schaut, die er bereits kennt oder noch besuchen möchte, ebenso wie auf einige der bunten und prachtvollen Schiffe der Vergangenheit, die mit ihrem niedrigen Bug und dem erhöhten Achterkastell einen so schönen Anblick boten.

Beim Durchqueren der geräuschlosen Drehtüren gelangen wir auf eine bunte kleine Veranda, über deren grüne Spaliere Kletterpflanzen ranken und die Illusion beflügeln, dass wir uns an Land befinden. Ein Blick durch die Fenster mit ihren schön ziselierten Bronzerahmen jedoch holt uns in die Realität zurück: Wir sind immer noch von der ruhelosen See umgeben. In dieser blumenreichen Gartenlaube laden zahlreiche kleine Tische zum Verweilen ein, an denen wir unseren Kaffee oder Absinth an der frischen Luft einnehmen können, so wie wir es in unserem eigenen sommerlichen Garten zu tun pflegen.

Der Abkühlraum

Der Abkühlraum im Anschluss an die türkischen Bäder auf dem Mitteldeck ist in vielerlei Hinsicht einer der interessantesten und markantesten Räume auf dem Schiff. Die Bullaugen sind durch eine kunstvolle orientalische Schnitzerei verdeckt, durch welche das Licht etwas launenhaft »die Erhabenheit des geheimnisvollen Ostens« durchscheinen lässt.

Die Wände sind von der Brüstung bis zum Gesims komplett mit großen grünen und blauen Kacheln gefliest, die von einem breiten Band in einem dunkleren und tieferen Farbton umrandet sind.

Die Brüstungen, Türen und Verkleidungen sind in warmem Teak gehalten und bilden einen perfekten Rahmen für die wunderschönen Fliesen und Raumdecken, die Gesimse und vergoldeten Balken sowie die dazwischenliegenden ausgewählten Paneele in mattem Rot. Von diesen Paneelen hängen bronzene Lampen im arabischen Stil herunter. Die Stützen sind ebenfalls mit Teak vertäfelt, ganzflächig in einem komplizierten maurischen Muster geschnitzt und überragt von einer geschnitzten Kappe. Über den Türen befinden sich kleine vergoldete, halbrunde Kuppeln, die an der Unterseite mit geschnitzten Flachreliefs in

Abkühlraum der türkischen Bäder

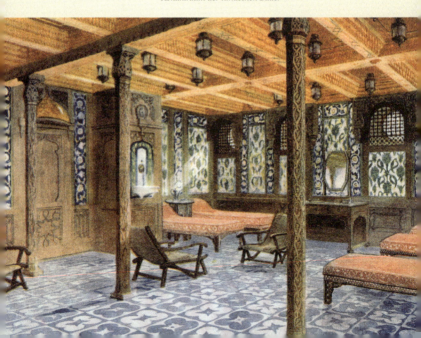

Das Lese- und Schreibzimmer

geometrischen Mustern versehen sind. Weil die Benutzer des türkischen Bades gehalten sind, eine beträchtliche Zeit im Abkühlraum zu verbringen, wurden keine Mühen gescheut, um diese interessant und bequem zu gestalten. Entlang den Wänden stehen in geringer Höhe Liegesofas, dazwischen je ein getäfeltes orientalisches Tischchen, auf dem man seinen Kaffee, Zigaretten oder Bücher ablegen kann. Darüber hinaus sind überall im Raum unzählige Segeltuchstühle zu finden.

Weil das Trinken frischen Wassers einer der begleitenden Vorzüge beim Baden ist, gibt es einen hübschen, mit Fliesen eingerahmten Trinkbrunnen aus Marmor. Ein Frisiertisch aus Teak mit Spiegel und allen Accessoires fehlt ebenso wenig wie ein Schließfach für Wertsachen.

Das Lese- und Schreibzimmer

Die reinweißen Wände und die hellen und eleganten Möbel legen uns nahe, dass dies hauptsächlich ein Raum für Damen ist. Durch die großen Erkerfenster, die fast eine ganze Seite des Raumes ausfüllen, schauen wir nach draußen auf das Deck, wo unsere Reisebegleiter Frischluft schnappen, und weiter auf die endlose Weite des Meeres und des Himmels. Eine Atmosphäre vornehmer Zurückgezogenheit erfüllt den Raum, ein heimeliges Kaminfeuer brennt munter auf dem Rost, unsere Füße bewegen sich geräuschlos über den dicken, samtweichen Teppich und ein bogenförmiger Durchgang führt in einen weiter hinten liegenden Raum, oder besser: ein stilles Refugium, in dem es so scheint, als ob jede Unterhaltung, die lauter ist als ein Flüstern, einem Sakrileg gleichkäme.

Kabinen der ersten Klasse

Das Oberflächenfinish und die dekorative Gestaltung der Erster-Klasse-Kabinen sind ebenso vortrefflich wie in den öffentlichen Räumen. Die Kabinen sind

Wohnzimmer einer Salonsuite, Raum B38 (Louis-seize-Stil)

Schlafraum einer Salonsuite, Raum B40 (Empire-Stil)

Schlafraum einer Suite, Raum B59 (georgianischer Stil)

Sonderkabine der ersten Klasse, Raum B63

außergewöhnlich groß und schön eingerichtet. Am markantesten sind vielleicht die Suiten, die es in ungewöhnlich großer Anzahl und in unterschiedlichen Stilen und Epochen dekoriert gibt, wie zum Beispiel: Louis-seize, Empire, Adams, Italienische Renaissance, Louis-quinze, Louis-quatorze, Georgianisch, Regency, Queen Anne, Neuniederländisch und Altniederländisch.

Jede Kabine der ersten Klasse hat ein Klappbett aus Messing, Mahagoni oder Eiche, und in den meisten Suiten sind diese Betten 1,20 Meter breit – eine Besonderheit, die von den Passagieren sehr geschätzt wird.

*Handkolorierte Konzeptskizze der Innenarchitekten Heaton Tabb & Co.
Das hier gezeigte Treppenhaus und die Eingänge sind jenen der White-Star-Line-Schiffe
der Olympic-Klasse ausgesprochen ähnlich.*

STANCHION CASING

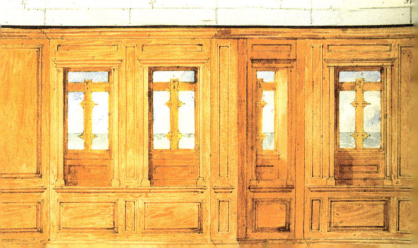

~Unterkünfte der zweiten Klasse~

Die White Star Line hat in den letzten Jahren viel unternommen, um die Unterkünfte der zweiten Klasse noch attraktiver zu gestalten – eine Besonderheit, die auf der OLYMPIC und TITANIC besonders großzügige Anwendung gefunden hat. Vor einigen Jahren wäre es noch schwierig gewesen, eine derart üppige Ausstattung in der zweiten Klasse zu konzipieren. Nun aber wurden keine Mühen gescheut in der Überzeugung, die beiden neuen Giganten der White Star Line jenseits aller Kritik mit den hervorragendsten Unterkünften in der zweiten als auch in der dritten Klasse auszustatten.

DER SPEISESAAL DER ZWEITEN KLASSE befindet sich achtern auf dem Salondeck. Er erstreckt sich über die volle Schiffsbreite, ist überaus vornehm ausgestattet und verfügt über besonders große, paarweise angeordnete Seitenfenster, die sich öffnen lassen. Die Verkleidung des Raumes ist in Eiche ausgeführt, wobei die Gestaltung an Beispiele des frühen 17. Jahrhunderts angelehnt ist und einige Details der nachfolgenden Epoche hinzugefügt wurden. Es gibt eine schöne Anrichte, die über die volle Länge des hinteren Querschotts reicht, mit aufwendig geschnitzten Vitrinen darüber. Am vorderen Ende befindet sich eine speziell gestaltete Anrichte mit einem Piano in der Mitte. Die Möbel sind aus Mahagoni, die Polsterung aus karmesinrotem Leder und der Fußboden aus speziell angefertigten Linoleumfliesen.

Speisesaal der zweiten Klasse

DIE BIBLIOTHEK DER ZWEITEN KLASSE wird von Wandvertäfelungen in Bergahorn und schön herausgearbeiteten Schnitzereien dominiert. Die Brüstung ist ebenso wie die speziell angefertigten Möbel aus Mahagoni, das mit Tapisserie bespannt wurde. Ein großer Bücherschrank am vorderen Ende, die großflächigen, paarweise angeordneten und mit Seidenvorhängen drapierten Fenster an den Seiten sowie der hübsche Wilton-Teppich vervollständigen das allgemein bequeme und in der Tat luxuriöse Erscheinungsbild des Raumes.

Bibliothek der zweiten Klasse

DER RAUCHSALON DER ZWEITEN KLASSE ist in seiner Dekoration eine Spielart der Epoche Ludwigs XVI. Wandvertäfelung und Brüstung zeichnen sich durch ihr Eichenschnitzwerk aus. Die Möbel, eine Sonderanfertigung, bestehen aus Eiche und sind mit schlichtem dunkelgrünem Saffianleder bedeckt. Der Fußboden ist mit speziell angefertigten Linoleumfliesen ausgelegt.

Der vordere Eingang der zweiten Klasse und das Treppenhaus sind in Eiche ausgeführt. Dieses Treppenhaus ist eine der Besonderheiten der TITANIC, denn es reicht über sieben Decks, wobei der in der Mitte des Treppenhauses eingebaute Fahrstuhl sechs Decks bedient. Der hintere Eingang der zweiten Klasse und das über fünf Decks reichende Treppenhaus sind ebenfalls mit Eiche vertäfelt.

DIE KABINEN DER ZWEITEN KLASSE. Die meisten dieser Räume sind nach dem bekannten Tandem-Prinzip angeordnet, wodurch ein natürlicher Lichteinfall in jede Kabine sichergestellt wird. Die Räume haben ein Oberflächenfinish in weißer Emailfarbe und mit Mokett belegte Mahagonimöbel sowie Linoleumfliesen auf dem Fußboden.

Kabine der zweiten Klasse (ganz oben) – Zweite-Klasse-Deck (oben)

Promenade der zweiten Klasse. Unnötig zu erwähnen, dass die auf diesem Schiff für die zweite Klasse vorgesehenen Promenaden ungewöhnlich großzügig bemessen sind. Die umschlossene Promenade ist eine einmalige Besonderheit, die von den Passagieren in hohem Maße geschätzt und genutzt wird.

~*Unterkünfte der dritten Klasse*~

Auch die Passagierunterkünfte der dritten Klasse zeichnen sich auf diesen Dampfern durch eine sehr hochwertige Machart aus. Die öffentlichen Räume sind groß und luftig, zweckmäßig möbliert und befinden sich in ausgezeichneter Lage, das gleiche gilt für die Kabinen und Schlafkojen der dritten Klasse.

DER SPEISESAAL DER DRITTEN KLASSE befindet sich mittschiffs auf dem Mitteldeck. Er besteht aus zwei jeweils über die volle Schiffsbreite reichenden Sälen und ist mit Seitenlichtern hervorragend ausgeleuchtet. Sämtliche Oberflächen sind in weißer Emailfarbe ausgeführt und die Stühle eine Sonderanfertigung. Die Lage dieses Raumes, in der Mitte des Schiffes, illustriert die enormen Fortschritte bei den Passagierunterkünften der neueren Zeit. Heutzutage genießen die Passagiere der dritten Klasse einen höheren Komfort auf See als ehemals die Passagiere der ersten Klasse. Eine großartige Entwicklung, für welche die White Star Line größtenteils mitverantwortlich zeichnet.

DER RAUCHSALON DER DRITTEN KLASSE befindet sich achtern auf dem Shelterdeck. Er ist mit Eiche vertäfelt und eingerahmt, und die Möbel in diesem sehr angemessenen und komfortablen Raum sind aus Teakholz gefertigt. Hier, unter dem wohltuenden Einfluss des wohlriechenden Krautes, geht mancher Gedanke in Richtung Heimat und an jene, die man zurückgelassen hat.

Rauchsalon der dritten Klasse

DER ALLGEMEINE AUFENTHALTSRAUM DER DRITTEN KLASSE befindet sich ebenfalls achtern auf dem Shelterdeck. Die Oberflächen der Wandvertäfelungen und Rahmen aus Kiefer sind mit weißer Emailfarbe behandelt. Die Möbel sind aus Teakholz. Wie der Name schon sagt, ist dieses der allgemeine Raum für Begegnungen unter den Passagieren der dritten Klasse. Männer, Frauen, Kinder – ihnen allen wird sich dieser Raum als der lebhafteste auf dem Schiff erweisen. Der freundliche Umgang, die gegenseitige Hilfsbereitschaft und die Gutmütigkeit der Dritter-Klasse-Passagiere ist sprichwörtlich, und wenn wir uns daran erinnern, dass viele von ihnen in der wechselvollsten Phase ihres Werdegangs angelangt sind, so stellen wir fest, dass die Familie die älteste aller Gemeinschaften ist – und die einzige natürliche. Man freut sich voller Hoffnung und Selbstvertrauen auf das neue Betätigungsfeld, und auf allen modernen White-Star-Linern spielt sich die Zeitspanne zwischen dem alten und dem neuen Leben unter den bestmöglichen Bedingungen ab.

PROMENADE DER DRITTEN KLASSE. Um sozusagen den ohnehin ausgezeichneten Vorkehrungen für den Komfort und das Wohlbefinden der Passagiere in der dritten Klasse noch ein i-Tüpfelchen hinzuzufügen, gibt es unter dem Backdeck einen Bereich als Promenade für die dritte Klasse, ausgestattet mit Tischen und Sitzgelegenheiten und bei jedem Wetter zu nutzen.

~Allgemeine Schiffsausstattungen und Einrichtung~

Betten

Wie schon bei der Beschreibung der Erste-Klasse-Kabinen erwähnt, sind alle unteren Kojen als Klappbetten aus Messing, Mahagoni und Eiche gefertigt. Viele davon sind 1,20 Meter breit. Die von Hoskins & Sewell Ltd. in Birmingham für die OLYMPIC als auch für die TITANIC gelieferten Klappbetten aus Messing wurden alle nach dem firmeneigenen Varnoid-Verfahren lackiert, das auf den Messinggestellen für eine glänzende Oberfläche sorgt und selbstverständlich nicht mit anderen Lacken zu vergleichen ist. Zudem liefert es die Garantie, den Einflüssen von Seeluft und Seewasser standzuhalten. Dieselbe Firma hat auch die Tapex-Sprungfedermatratzen für alle Betten der ersten und zweiten Klasse geliefert sowie die Orex-Sprungkettenfedermatratzen für alle Betten in den Unterkünften der dritten Klasse. Die Firma hat außerdem die verzinkten Metallkojen für das offene Zwischendeck, die transportablen Kabinen für die temporäre dritte Klasse und die gesamten Kojen für die Mannschaft geliefert.

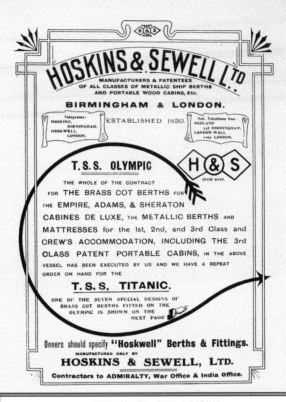

NEARLY ALL THE LEADING

British Passenger Steamers

ARE FITTED WITH

WILSON'S
COOKING APPARATUS.

Please send Specifications to—

HENRY WILSON & CO. LTD.,
(T. MASSEY LYNCH, GEORGE E. FAIRBAIRN, HENRY KERR WILSON.)

CORNHILL WORKS.
LIVERPOOL.

Telephone Nos. 4790 & 4791, Bank.
Telegrams: "Wilson, Cornhill, Liverpool."

Küche auf einem großen Atlantik-Passagierdampfer, installiert von Wilsons

Gastronomie

Auf einem Passagierschiff ist für die Fahrgäste keine Abteilung so wichtig wie jene, die für die Zubereitung und das Auf-den-Tisch-Bringen des Essens zuständig ist. Und in keiner anderen Abteilung als in dieser wurden in den letzten Jahren mehr Verbesserungen eingeführt. Auf vielen Schiffen ist es schwierig, auf dem der Gastronomie zugewiesenen Raum genügend Platz für all die modernen Einrichtungen zu finden. An Bord der OLYMPIC und TITANIC existieren derartige Einschränkungen jedoch nicht. Die White Star Line hat die Bedeutung dieses Themas erkannt und im Küchenbereich ausreichend Platz für Geräte aller Art zur Verfügung gestellt. Die Gastronomie auf diesen Schiffen gehört zu den am besten ausgestatteten weltweit.

Die Küchen, Servierräume, Pantrys, Bäckereien, Spülküchen usw. der ersten und zweiten Klasse befinden sich auf dem Salondeck zwischen den Speisesälen der ersten und zweiten Klasse und erstrecken sich auf einer Länge von fast 49 Meter über die volle Schiffsbreite. In der Küche gibt es zwei riesige – vermutlich die größten jemals gebauten – Herdreihen, bestehend aus 19 Öfen mit einer 29 Meter breiten Vorderfront. Darüber hinaus gibt es vier silberne Grills, zwei große Bratöfen, Sortimente von Dampfgarern, Dampfsuppentöpfen, Wärmeschränken, Wasserbädern sowie elektrisch angetriebene Fleischwölfe, Reibe-, Schneide-, Kartoffelschäl-, Quirl- und Gefriermaschinen.

Neu ist auch die Anordnung der Abzüge. Diese wurden alle unter Deck verlegt, um die Wärmeabstrahlung zu minimieren. Ein zukunftsweisender Schritt, der auch auf nachfolgende Schiffe zur Anwendung kommen wird. Ein großer Aufzug sorgt für den Nachschub zwischen den Kühlräumen und der Küche.

Ein Gemüsezubereitungsraum, die Spülküche, der Kohlenbunker und die Speisekammer, jeweils ausgestattet mit den neuesten arbeitssparenden Haushaltsgeräten, sind nach gängigem Vorbild auf der Steuerbordseite der Küche angeordnet. Die Bäckerei – sie allein schon ist einen Besuch wert – befindet sich direkt hinter der Küche auf der Backbordseite. In ihr stehen elektrische Teigrühr- und andere Maschinen sowie darüber hinaus ein Wasserrohrofen für ein perfektes Gelingen des knusprigen Tafelbrotes nach Wiener Rezept. Die Konditorei neben der Bäckerei ist mit allen denkbaren Geräten für die moderne Ausübung der Konditorkunst ausgestattet.

Die im Hinblick auf perfekten Service in warme und kalte Bereiche unterteilten Pantrys und Servierräume befinden sich in unmittelbarer Nähe zu den jeweiligen Speisesälen, denn es gibt nichts Ärgerlicheres als ein halbwarmes Abend- oder Mittagessen oder lange Wartezeiten, wie sie beim Speisen in öffentlichen Räumen häufig vorkommen. Auf der OLYMPIC oder TITANIC hingegen ist Derartiges nicht zu befürchten. Nicht auf eine einzige Vorrichtung für schnelle und effiziente Bedienung wurde verzichtet. Hierzu gehören Wasserbäder, Wärmeschränke, Vorspeisenpressen, silberne Kaffeezubereitungsgeräte, automatische Eierkocher, Milchkocher, elektrische Wärmeplatten und Serviertische modernster Art. Alles wurde sorgfältig an der geeignetsten Stelle platziert, damit Drängeleien und Konfusion unter den Kellnern vermieden werden. Die ebenfalls optimale Anordnung der Kaltküchen und Vorratsräume macht den Service komplett.

Das Restaurant auf dem Brückendeck verfügt über eine unmittelbar angrenzende, abgetrennte Küche mit eigener Pantry und Spülküche. Der Zugang zur darunterliegenden Küche erfolgt über ein beide Decks verbindendes Treppenhaus mit Wendeltreppe. Des Weiteren finden sich separate Pantrys für die verschiedenen Rauchsalons, Buffets, Lounges, Wohnräume usw.

Küche und Pantrys der dritten Klasse grenzen auf dem Mitteldeck an das hintere Ende des Dritte-Klasse-Speisesaals und verfügen über eine Ausstattung, um die sie noch vor wenigen Jahren der Chefkoch der ersten Klasse beneidet hätte. Auch über eine große Bäckerei verfügt die dritte Klasse. Sämtliche Kochapparate wurden von Henry Wilson & Co. in Liverpool geliefert. Keine Firma sonst hat mehr Erfahrung in diesem Metier.

Service of Plate

Das Tafelgeschirr besteht aus insgesamt etwa 10.000 Teilen und wurde von Goldsmiths & Silversmiths Co. Ltd. in London geliefert, einer Firma mit langjähriger Erfahrung in der Bereitstellung von Geschirr für große Hotels. Im Falle der OLYMPIC und TITANIC wurden verschiedene neue Besonderheiten eingeführt. Eines der größten Teile des Küchengeschirrs ist eine wuchtige Entenpresse als imposantestes Zubehör. Es gibt auch einen transportablen Spiritusbrenner mit einer sich schnell erwärmenden Flamme, um Saucen warmzuhalten und türkischen Mokka zuzubereiten. Weitere Neuheiten sind eine Fruchtschale und das Kaviargeschirr, in dem der Inhalt durch ein Eisbad kühl gehalten wird, sobald er aus dem Kühlraum entnommen und vor dem Passagier platziert wird.

Auf den Serviertischen gibt es elektrisch beheizte Réchauds als Sonderanfertigung der Goldsmiths Company. Ein Vorteil dieses nützlichen Gegenstands ist, dass jeder Wärmegrad, sobald er erreicht ist, bei sehr geringem Stromverbrauch gehalten werden kann. Ein weiterer erwähnenswerter Punkt ist, dass alle Griffe, Deckel, Einzelteile und Armaturen untereinander austauschbar sind, was das Reinigen sehr erleichtert und den allgemeinen Nutzen fördert.

Das Besteck – darunter Löffel, Gabeln und anderes – mit mehr als 21.000 Teilen sowie etwa 3000 Geschirrteile, Suppenterrinen und andere größere Gegenstände wurden von Elkington & Co. in Birmingham geliefert.

Lüftung und Heizung

Lüftung und Heizung stellen zwei der schwierigsten Herausforderungen bei der Gestaltung eines großen Passagierschiffes dar, aber die Art und Weise, wie man diese Probleme im Falle der OLYMPIC und TITANIC gelöst hat, lässt keine Wünsche offen. In der Tat ist das Lüftungs- und Heizungssystem dieser Schiffe ausgefeilter und wahrscheinlich perfekter als irgendein anderes an Bord eines Schiffes. Vereinfacht gesagt, besteht das angewendete Prinzip im Falle der großen Abteilungen der dritten Klasse darin, Warmluft durch elektrisch angetriebene Gebläse einzuleiten und die Luft durch isolierte Luftschächte in alle Richtungen zu verteilen. Dadurch wird selbst bei kältestem Wetter eine angenehme Temperatur aufrechterhalten.

Die Lüftung und Heizung in den Unterkünften der ersten und zweiten Klasse hingegen erfordert aufgrund der unterschiedlichen Ansprüche der Passagiere eine speziellere Behandlung. So steht es zum Beispiel außer Frage, dass ein reisender Amerikaner aus den Südstaaten entsprechend seiner Gewohnheit regelmäßig ein gewisses Quantum Wärme benötigt, die wiederum für einen Briten kaum auszuhalten ist. Im Hinblick darauf, allen Anforderungen gerecht zu werden, wurde nach reiflicher Überlegung beschlossen, in allen Durchgängen und individuellen Kabinen eine Luftzufuhr mit moderater Wärme bereitzustellen, damit eine gleichbleibend angenehme Temperatur aufrechterhalten werden kann. Man kann dieses als ein reines Warmluftsystem betrachten, im Unterschied zu anderen Heißluftsystemen. Jeder Raum der ersten Klasse ist außerdem mit einer ausreichend bemessenen Elektroheizung ausgestattet, sodass Passagiere mit einem Verlangen nach zusätzlicher Wärme diese in ausreichendem Maße bekommen, während für jene, die eine kühlere Atmosphäre bevorzugen, ebenso gut gesorgt ist.

Zusätzlich zu den Ventilatoren für Heiß- und Warmluftzufuhr wurde eine große Zahl an Ansaugventilatoren vorgesehen, um die Abluft von den Toiletten, Küchen, Pantrys und anderen Bereichen abzuführen. Es wird also nicht nur Frischluft in das Schiff hineingeleitet, sondern sämtliche verbrauchte Luft aus jenen Unterkunftsbereichen entfernt, wo sie als unangenehm empfunden werden könnte.

Die insgesamt 64 für die Lüftung der Unterkünfte erforderlichen Ventilatoren sind ausschließlich vom Typ »Sirocco« und wurden von Davidson & Co. Ltd. hergestellt. Sie werden von Motoren entsprechend den Vorgaben von Harland & Wolff angetrieben. Die Motoren sind sowohl mit Hand- als auch mit Automatikreglern ausgestattet, damit die Drehzahl der angeschlossenen Ventilatoren an das spezielle System der jeweils angesteuerten Luftschächte angepasst werden kann. Diese Vorkehrung ist sehr wichtig, wenn die Maschine ständig mit konstanter Drehzahl läuft. Angesichts der vorgenannten Anforderungen könnte es ansonsten zu einer Überlastung oder dem Ausfall der Maschine kommen, da es vorher nicht in jedem Fall möglich ist, die erforderliche Drehzahl exakt zu bestimmen.

Das eingeführte mechanische Lüftungssystem macht die zahlreichen Lüfterköpfe, welche die Decks vieler Linienschiffe in Beschlag nehmen, überflüssig. Um es mit einem irischen Sprichwort zu sagen:»Sie fallen durch ihre Abwesenheit ins Auge«, und das sowohl auf der OLYMPIC als auch auf der TITANIC. Aus diesem Grund wird auf diesen Schiffen der Raum, den man normalerweise für die altehrwürdigen Kuppeln geopfert hat, für andere, sinnvollere Zwecke verwendet.

Bullaugen und Fenster

Ein besonderes Augenmerk wurde der natürlichen Lüftung und dem Lichteinfall ins Innere der verschiedenen Räume durch insgesamt mehr als 2.000 Fenster und Bullaugen gewidmet. In der Tat bilden die zahlreichen Bullaugen in Verbindung mit der prachtvollen Anordnung der Fenster eines der markantesten Merkmale der neuen Schiffe.

Bereits erwähnt wurde die neuartige Anordnung von sechs und vier Bullaugen im Speisesaal und im Empfangsraum der ersten Klasse, die ovalen, 56 mal 43 Zentimeter großen Leuchten in den Erster-Klasse-Kabinen und die Schiebefenster auf der geschlossenen Promenade. Für die Innenfenster des Speisesaals und des Empfangsraums wurde ein Spezialglas der Maximum Light Window Glass Company in London verwendet. Durch die Kombination der in diesem Glas eingelassenen Linsen und Prismen wird das durch die Bullaugen einströmende Licht über eine größere Fläche gestreut, als es bei normalem Glas der Fall wäre. Alle auf dem Brücken-, Promenaden- und Bootsdeck befindlichen öffentlichen Räume haben außergewöhnlich groß bemessene Fenster, wie man anhand der bereits gezeigten Illustrationen erkennen konnte.

Passagierfahrstühle

Die von R. Waygood & Co. in London gebauten Fahrstühle sind in Anzahl und Funktionalität denen früher gebauter Schiffe weit voraus. Die drei Fahrstühle der ersten Klasse sind auf jedem der hier beschriebenen Schiffe Seite an Seite in einem Schacht angeordnet. Jeder zwischen dem Ober- und dem Promenadendeck verkehrende Fahrstuhl hebt eine Last von 762 Kilogramm über eine Höhendistanz von 11,40 Meter bei einer Geschwindigkeit von 30,50 Meter pro Minute. Die Fahrstuhlkörbe sind etwa 1,60 mal 1,80 Meter groß, 2,10 Meter hoch und aus dunklem Mahagoni gefertigt. Jeder Korb hat ein Glasdach sowie einen Lüfter und ist mit einem transportablen gepolsterten Sitz sowie einer elektrischen Lampe ausgestattet. Der Eingang ist mit einem zusammenklappbaren, elektrisch verschließbaren Tor versehen, das geschlossen sein muss, bevor der Lift losfahren kann.

Die Winde ist unmittelbar darüber eingebaut und wird von einem langsam laufenden Spezialmotor angetrieben, der einen leisen Betrieb sicherstellt. Das Getriebe besteht aus einer stählernen Schneckenspindel und einem Schneckenrad aus Phosphorbronze, eingekapselt in ein ölgefülltes gusseisernes Gehäuse. Der Axialdruck der Schneckenwelle wird von Doppelkugel-Drucklagern aufgefangen. Das Getriebe ist mit einer Seiltrommel ausgestattet, wobei zwei Stahlseile mit dem Fahrstuhlkorb verbunden sind und zwei separate Seile für das Gegengewicht sorgen. Wenn die Stromspannung aus irgendeinem Grunde ausfällt, tritt eine automatische elektrische Bremse in Aktion. Der Regler für den elektrischen Betrieb wird durch einen Kippschalter mit selbstzentrierendem abnehmbarem Handgriff im Fahrstuhlkorb betätigt.

Besondere Vorkehrungen wurden gegen das Weiterfahren in beide Richtungen getroffen, sollte einem der Fahrstuhlführer eine Unachtsamkeit unterlaufen oder es zu einer Störung am Regler kommen. Die Fahrstuhlkörbe werden durch rundprofilierte Stahlkufen geführt, um die Bewegung des Lifts so ruhig wie möglich zu gestalten. Neu ist die Einrichtung eines ebenfalls von der Firma Waygood gelieferten Passagierfahrstuhls in der zweiten Klasse. Dieser Fahrstuhl ist praktisch baugleich mit denen der ersten Klasse, lediglich der Fahrstuhlkorb ist ein wenig schlichter ausgestattet.

Elektrische Bäder

Zwei elektrische Bäder modernster Bauart wurden angrenzend an die türkischen Bäder auf dem Mitteldeck eingerichtet.

Magneta-Uhren

Die Uhren, auf jedem Schiff 48 an der Zahl, wurden von der Firma Magneta Time Co. Ltd. geliefert. Alle Uhren werden auf Basis des Magneta-Systems elektrisch angetrieben, wodurch galvanische Batterien überflüssig werden. Die Überwachung erfolgt über zwei im Kartenraum platzierte Mutteruhren, sodass sie in völligem Einklang arbeiten und exakt dieselbe Zeit anzeigen.

Wie Schiffsreisenden bekannt ist, gewinnen Passagiere auf westlichem Kurs täglich eine halbe Stunde an Zeit und verlieren den entsprechenden Wert auf der Rückreise nach Europa. Um dieser Zeitdifferenz Rechnung zu tragen, werden die Mutteruhren täglich zur Mittagsstunde vom diensthabenden Offizier entsprechend dem Längengrad vor- oder zurückgestellt.

Beleuchtete Zeichen und Abbildungen

In den Unterkünften der ersten und zweiten Klasse sind elektrisch beleuchtete Zeichen verteilt, als Wegweiser für die Passagiere zu den jeweiligen Eingängen und öffentlichen Räumen, während in der Turnhalle mehrfarbige, attraktiv beleuchtete Schnittansichten der Olympic und Titanic zur Schau gestellt werden sowie eine Weltkarte mit dem Liniennetzwerk der den Globus umspannenden Dampfschiffsrouten der White Star Line.

Telefonanlage

Die Telefonanlage auf der OLYMPIC und TITANIC ist in zwei Sektionen unterteilt: den Navigationsbereich und das interne System für Telefonate innerhalb des Schiffes. Alle Geräte sind auf dem neuesten Stand der Technik und auf den meisten zugelassenen Telefonnetzen installiert. Der Navigationsbereich bietet Verbindungen zwischen:

dem Ruderhaus auf dem Brückendeck und dem Backdeck,
dem Ruderhaus auf dem Brückendeck und dem Krähennest,
dem Ruderhaus auf dem Brückendeck und dem Maschinenraum,
dem Ruderhaus auf dem Brückendeck und dem Poopdeck,
der Kabine des leitenden Ingenieurs und dem Maschinenraum,
dem Maschinenraum und den Kesselräumen Nr. 1, 2, 3, 4, 5 und 6.

Die verwendeten Apparate sind patentierte »lautsprechende« Marinetelefone jenes Typs wie auf der Abbildung (siehe Seite 88) und stammen von der Firma Alfred Graham & Co. Mit Ausnahme der Kabine des leitenden Ingenieurs entsprechen die Telefone dem allgemeinen Muster, bei dem Anrufe durch eine Unterbrechertaste oder per Sprache erfolgen. Für den Einsatz in verschiedenen Positionen ist der Telefonapparat in einer speziellen Form gelagert. Auf dem Back- und Poopdeck befinden sich die Apparate in einem polierten und auf einem Ständer befestigten Messinggehäuse. Die gesamte Garnitur ist in einem tragbaren Formteil untergebracht, sodass der Telefonapparat, wie in diesem Fall, auf dem Backdeck und alternativ auf dem Poopdeck an zwei unterschiedlichen Standorten eingesetzt werden kann. Im Krähennest ist das Telefon in einer Metallhaube montiert und ebenfalls transportabel. Im Ruderhaus auf der Kommandobrücke sind vier Apparate eingebaut. Jedes Telefon ist mit einem Anzeigegerät ausgestattet. Zusätzlich zu einer Flagge, wie sie gewöhnlich zum Anzeigen verwendet wird, ist hier auch eine Signallampe installiert, die bei einem eingehenden Anruf aufleuchtet. Im Maschinenraum sind drei Telefone im Einsatz, wobei das Gerät für die Kommunikation mit den Kesselräumen in Verbindung

»Lautsprechendes« Marinetelefon.

mit einer Kombination aus Schalter und Anzeige arbeitet und sowohl Licht- als auch mit Flaggensignale gibt, ähnlich wie bei den Brückentelefonen. In jedem Kesselraum ist das Telefon in einer Metallhaube montiert. Jede Station verfügt über einen speziellen Anrufempfänger sowie eine visuelle Anzeige. Das Telefon in der Kabine des leitenden Ingenieurs entspricht dem gleichen Typ wie in den Kabinen.

Die Spannungsversorgung für den Betrieb des Systems erfolgt über den Beleuchtungskreislauf des Schiffes, der über Widerstände auf die geeignete Spannung für das Telefonsystem reduziert wird. Die Geräusche beim Umpolen in Verbindung mit der maschinengebundenen Stromversorgung wurden durch die Einführung von Induktionsspulen unterbunden. Es gibt auch eine Bereitschaftsbatterie, die im Falle eines Ausfalls der Hauptstromversorgung mittels eines Automatikschalters die Stromversorgung übernimmt.

Das interne Telefonsystem sorgt über eine zentrale Vermittlungsstelle für den Sprechverkehr zwischen den Kabinen. Die Vermittlungsstelle verfügt über eine Kapazität von 50 Leitungen, wobei zu den angeschlossenen Stationen eine Reihe von Erster-Klasse-Kabinen wie auch die Räume der leitenden Mitarbeiter und verschiedene Diensträume gehören. Die Vermittlungsstelle gibt bei einem laufenden Gespräch ein Lichtsignal. Über das übliche akustische Signal hinaus, kann von jeder verbundenen Station aus ein Sprechruf an die Vermittlungsstelle erfolgen, um einen zügigen Betrieb sicherzustellen. Der Benutzer muss von einer Kabine aus einfach nur den Telefonhörer hochnehmen und sofort die anzurufende Station nennen, damit ein von der Vermittlungsstelle gesteuerter Lautsprecher weitere Anweisungen gibt.

Wenn der Funkoffizier eine mit der anrufenden Station übereinstimmende Lampe aufleuchten sieht, verbindet er die anrufende Station mit der gewünschten Empfangsstation, wodurch die übliche Verzögerung vermieden wird, die beim Sprechen mit der anrufenden Station und der Ermittlung des benötigten Standortes entsteht. Die Spannungsversorgung erfolgt, wie beim Telefonsystem für den Navigationsbereich, über den Beleuchtungskreislauf. Der Automatikschalter und die Bereitschaftsbatterie sind im Gehäuse der Vermittlungsstelle integriert. Bei den in jeder Kabine installierten Telefonapparaten handelt es sich um den Typ mit zwischengeschalteter Lautsprechvorrichtung der Firma Graham (siehe rechts). Sie verfügen über einen Handhörer mit einem kreisrunden Tasten- und Klemmenkasten. An den meisten Standorten sind die Garniturteile versilbert, an anderen aus poliertem und lackiertem Messing. Die Auslegung der Verkabelung des Systems entspricht den bewährtesten technischen Regeln, und für das Überprüfen und die Erweiterung der Anlage wurden Abzweigdosen vorgesehen.

Kabinentelefon

Allgemeine Informationen für Passagiere der Ersten Klasse

FRÜHSTÜCK von 8 bis 10 Uhr.
MITTAGESSEN um 13 Uhr   **ABENDESSEN** um 19 Uhr
Die Bar öffnet um 8 Uhr und schließt um 23.30 Uhr
Die Beleuchtung wird im Salon um 23 Uhr, in der Lounge um 23.30 Uhr und im Rauchsalon um 24 Uhr ausgeschaltet.

GOTTESDIENST im Salon, sonntags um 10.30 Uhr

TISCHRESERVIERUNG: Passagiere ohne vorherige Tischreservierung müssen diese beim Zweiten Steward vornehmen. Kinder haben kein Anrecht auf einen Sitzplatz im Salon, wenn sie nicht den vollen Passagetarif bezahlt haben.

FUNKTELEGRAMME: Alle Post- und Passagierdampfer der White Star Line auf den Routen Southampton–Cherbourg–Queenstown–New York, Liverpool–Quebec–Montreal, Liverpool–Halifax–Portland und Liverpool–Queenstown–Boston sind mit dem Marconi-Funktelegrafiesystem ausgestattet. Zu versendende Telegramme müssen im Auskunftsbüro abgegeben werden.

AUSKUNFTSBÜRO: Dieses steht für Anliegen der Passagiere zur Verfügung und nimmt Anfragen für Auskünfte allgemeiner Art entgegen. Briefe, Kabeltelegramme, Telegramme und Marconi-Telegramme werden hier für den Versand entgegengenommen sowie sämtliche Post verteilt. In diesem Büro können Briefmarken gekauft sowie Deckslegestühle und Wolldecken ausgeliehen werden. Außer dem diensthabenden Personal im Auskunftsbüro ist kein anderes Schiffspersonal berechtigt, Briefe oder Telegramme für den Versand anzunehmen.

KABELTELEGRAMME UND TELEGRAMME sollten dem Auskunftsbüro eine Stunde vor Ankunft im nächsten anzulaufenden Hafen übergeben werden.

SCHIFFSARZT: Dieser ist berechtigt, für die Behandlung von Passagieren auf deren Verlangen hin, die üblichen Gebühren zu erheben. Letztere bedürfen in jedem Fall und bei allen Erkrankungen, die nicht ihren Ursprung an Bord des Schiffes haben, der Genehmigung des Kommandanten. Medikamente werden in jedem Fall kostenlos zur Verfügung gestellt.

GEPÄCK: Fragen hinsichtlich des Gepäcks sollten an den Zweiten Steward gerichtet werden; er ist der für das Schiff zuständige Gepäckmeister. Schrankkoffer und Stühle, die Passagiere in die Obhut der Reederei zu übergeben wünschen, müssen eindeutig etikettiert und dem Gepäckmeister am Kai in New York übergeben werden. Derartige Gegenstände werden ausschließlich auf eigene Gefahr des Eigentümers gelagert. Bei Ankunft sind die Passagiere selbst für die Abfertigung ihres Gepäcks durch die US-Zollbehörden zuständig.

DECKSLIEGESTÜHLE UND WOLLDECKEN können gegen eine Gebühr von jeweils 4 Shilling für eine Reise geliehen werden.

PASSAGIERE werden gebeten, für jedes zusätzlich erhobene Überfahrtsgeld um eine Quittung auf dem Formular der Reederei zu bitten.

GELDWECHSEL: Der Zahlmeister ist darauf vorbereitet, für den Bedarf der Passagiere einen begrenzten Betrag an englischer oder amerikanischer Währung zu wechseln, zu einem Kurs von 4,80 Dollar zu 1 Pfund beim Umtausch von amerikanischer in englische Währung beziehungsweise von 1 Pfund zu 4,95 Dollar beim Umtausch von englischer in amerikanische Währung.

Darüber hinaus gelten folgende Wechselkurse: in östlicher Richtung abgehend: 1 Dollar = 5 Franc = 4 Mark, in westlicher Richtung abgehend, Banknoten und Goldwährung: 19 Cent pro Franc oder 23 Cent pro Mark, Silberwährung: 18 Cent pro Franc oder 22 Cent pro Mark.

PASSAGIERADRESSEN können im Auskunftsbüro hinterlassen werden, damit die Reederei Briefe, die in ihre Obhut gelangen, weiterleiten kann.

REISESCHECKS können in allen Hauptbüros der White Star Line erworben und in allen Teilen Europas eingelöst werden. Die Schecks werden an Bord der Dampfer der White Star Line für Abschlagszahlungen akzeptiert, jedoch führen die Zahlmeister keine Geldmittel, um Schecks gegen Bargeld einzulösen.

AUTOMOBILTOUREN: Passagiere der White Star Line können Automobile mieten und diese bei der Ankunft in Queenstown, Liverpool, Plymouth, Cherbourg oder Southampton für Rundfahrten auf den Britischen Inseln oder auf dem Kontinent in Empfang nehmen. Von Amerika oder Kanada aus können Bestellungen über die Büros der White Star Line aufgegeben werden. Alternativ ist dies auch direkt vom Dampfer aus mithilfe des Marconi-Funktelegrafen möglich.

Dieses Dampfschiff ist mit dem Marconi-Funktelegrafiesystem und auch mit einem Unterwassersignalgerät ausgerüstet.

GEBÜHREN FÜR FUNKTELEGRAMME

FÜR DIE VEREINIGTEN STAATEN: Die Mindestgebühr für Marconi über Seagate, Segaponack oder South Wellfleet (Cape Cod) oder auf dem Weg über ein vorbeifahrendes Dampfschiff und eine dieser Stationen beträgt 8 Shilling und 4 Pence für zehn Wörter. Jedes zusätzliche Wort kostet 6 Pence. – Die Mindestgebühr über Siasconsett, Cape Race oder auf dem Weg über ein vorbeifahrendes Dampfschiff beträgt 12 Shilling und 6 Pence für zehn Wörter. Jedes zusätzliche Wort kostet 9 Pence, wobei nur Text berechnet wird. – Die Mindestgebühr für Marconi über Sable Island, Cape Sable oder auf dem Weg über ein vorbeifahrendes Dampfschiff und diese Station beträgt 16 Shilling und 8 Pence für zehn Wörter. Jedes zusätzliche Wort kostet 1 Shilling.

FÜR KANADA: Die Mindestgebühr für Marconi über Quebec, Grosse Isle, Father Point oder auf dem Weg über ein vorbeifahrendes Dampfschiff und eine dieser Stationen beträgt 2 Shilling und 1 Pence für zehn Wörter. Jedes zusätzliche Wort kostet 1½ Pence. – Die Mindestgebühr für Marconi über Clarke City, Grindstone, Fame Point, Heath Point, Harrington, Point Rich, Point Armour, Belle Isle, Cape Ray oder auf dem Weg über ein vorbeifahrendes Dampfschiff und eine dieser Stationen beträgt 4 Shilling und 2 Pence für zehn Wörter. Jedes zusätzliche Wort kostet 3 Pence. – Die Mindestgebühr über die Station Cape Race oder auf dem Weg über ein vorbeifahrendes Dampfschiff und diese Station beträgt 12 Shilling und 6 Pence für zehn Wörter. Jedes zusätzliche Wort kostet 9 Pence. – Die Mindestgebühr über Montreal, Three Rivers oder auf dem Weg über ein vorbeifahrendes Dampfschiff und diese Station beträgt 1 Shilling und 3 Pence für zehn Wörter. Jedes zusätzliche Wort kostet 1 Pence.

Es wird jeweils nur Text berechnet; Adresse und Signatur sind kostenlos.
Gebühren an Land werden zusätzlich berechnet.
Sämtliche Gebühren sind im Voraus zu entrichten.

FÜR DAS VEREINIGTE KÖNIGREICH: Die Gebühr über Crookhaven oder andere Stationen im Vereinigten Königreich oder auf dem Weg über ein vorbeifahrendes Dampfschiff beträgt 10 Pence pro Wort, wobei jedes Wort in Adresse, Text und Signatur berechnet wird. Gebühren an Land werden zusätzlich berechnet. Sämtliche Gebühren sind im Voraus zu entrichten.

SCHIFF ZU SCHIFF: Die Gebühr von Schiff zu Schiff beträgt 8 Pence pro Wort, wobei jedes Wort in Adresse, Text und Signatur berechnet wird. Sämtliche Gebühren sind im Voraus zu entrichten.

RESTAURANT: Zusätzlich zum regulären Speisesaal gibt es ein À-la-Carte-Restaurant auf dem B-Deck, in dem Mahlzeiten jederzeit zwischen 8 und 23 Uhr zu festen Preisen gemäß der täglich wechselnden Speisekarte erhältlich sind. Passagiere, die das Restaurant besuchen möchten, sollten an Bord beim Geschäftsführer Sitzplätze reservieren lassen.

Die Geschäftsführung des Restaurants untersteht der Reederei. Als Geschäftsführer wurde Mr. L. Gatti, ehemals Oddenino's Imperial Restaurant in London, ernannt.

Wenn die Überfahrt vollständig ohne Mahlzeiten im regulären Speisesaal erfolgt, wird eine Ermäßigung von 3 Pfund pro Erwachsenem vom Passagegeld abgezogen, während bei einem Passagegeld von 35 Pfund pro Erwachsenem und mehr die Ermäßigung 5 Pfund pro Erwachsenem beträgt.

Diese Gebührenermäßigung kann allerdings nur gewährt werden, wenn Passagiere beim Kauf ihres Tickets ihre Absicht ankündigen, ohne Mahlzeiten buchen und das Restaurant nutzen zu wollen. Weitere Rabatte oder Preisnachlässe können unter keinen Umständen gewährt werden.

LOUNGE UND EMPFANGSRÄUME: Diese Räumlichkeiten befinden sich auf dem A-Deck beziehungsweise am Eingang zum Hauptspeisesaal auf dem D-Deck. Sie sind für die Benutzung von Damen und Herren vorgesehen. Hier werden der Nachmittagstee und der Kaffee nach dem Abendessen serviert. Auch Liköre, Zigarren und Zigaretten können hier gekauft werden.

In der Lounge (A-Deck) sind nach einem Gesuch beim diensthabenden Steward Bücher aus dem Bücherschrank erhältlich. Auf jeder Reise werden zusätzlich zur ständigen Sammlung der Standardtitel auch aktuelle Titel ausgelegt.

Die Lounge schließt um 23.30 Uhr, der Empfangsraum um 23 Uhr.

VERANDA-CAFÉ UND PALM COURT befinden sich auf dem A-Deck. Hier werden leichte Erfrischungen serviert.

PASSAGIERFAHRSTÜHLE: Es gibt drei Fahrstühle zwischen den Decks A, B, C, D und E, die für die Nutzung durch Passagiere vorgesehen sind.

TÜRKISCHE, ELEKTRISCHE UND SCHWIMMBÄDER: Ein voll ausgestattetes türkisches Bad, bestehend aus Dampf-, Heiß- und Warmbad sowie Schamponier- und Abkühlraum, befindet sich auf dem D-Deck. Elektrische Bäder und ein Schwimmbad stehen ebenfalls zur Verfügung und werden von erfahrenen Bademeistern beaufsichtigt. – Die türkischen Bäder stehen Damen von 10 bis 13 Uhr und Herren von 14 bis 18 Uhr zur Verfügung. Eintrittskarten, inklusive Nutzung des Schwimmbads, sind im Auskunftsbüro gegen eine Gebühr von je 4 Shilling (oder 1 Dollar) erhältlich. – Separate Karten für das Schwimmbad, einschließlich Nutzung eines Badeanzugs, kosten 1 Shilling

DAS SCHWIMMBAD IST ZU DEN FOLGENDEN ZEITEN GEÖFFNET:

Geschlecht	Gebühr	Zeit
HERREN	Kostenlos	6 bis 9 Uhr
	1 Shilling	14 bis 19 Uhr
DAMEN	Kostenlos	10 bis 12 Uhr
	1 Shilling	12 bis 13 Uhr

IN DER GEBÜHR IST DIE NUTZUNG EINES BADEANZUGS EINGESCHLOSSEN.

DIE TURNHALLE befindet sich auf dem Bootsdeck und ist mit modernsten Geräten ausgestattet. Damen und Herren können hier während der Öffnungszeiten der Bäder ihre Übungen machen. Die Nutzung der Geräte ist kostenlos.

Die Turnhalle steht Kindern nur von 13 bis 15 Uhr zur Verfügung.

DAS SQUASHFELD befindet sich auf dem G-Deck und wird von einem professionellen Spieler beaufsichtigt. Karten für die Benutzung des Spielfelds sind im Auskunftsbüro für 2 Shilling (oder 50 Cent) pro halbe Stunde erhältlich und enthalten, falls gewünscht, die Dienste des Profis. Bei diesem können auch Bälle sowie Schläger gekauft beziehungsweise Letztere auch geliehen werden.

Das Spielfeld kann beim diensthabenden Platzwart im Voraus reserviert werden und darf, sofern andere auf der Warteliste stehen, vom selben Spieler nicht länger als eine Stunde benutzt werden.

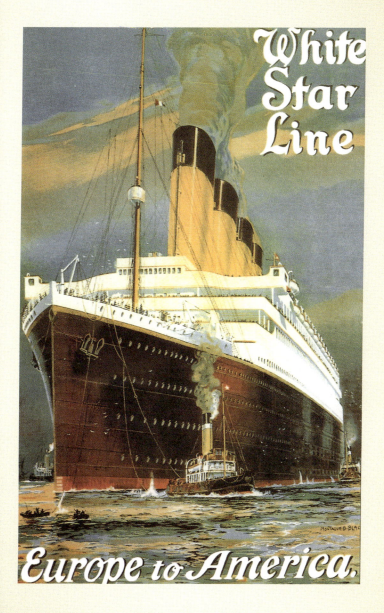

PASSAGIERLISTE DER ERSTEN KLASSE AUF DEM KÖNIGLICHEN UND U.S. MAIL-DAMPFSCHIFF »Titanic«

VON SOUTHAMPTON UND CHERBOURG NACH NEW YORK (ÜBER QUEENSTOWN).

Mittwoch, 10. April 1912.

Allen, Miss Elizabeth Walton
Allison, Mr. H. J.
Allison, Mrs. H. J. and Maid
Allison, Miss
Allison, Master and Nurse
Anderson, Mr. Harry
Andrews, Miss Cornelia I.
Andrews, Mr. Thomas
Appleton, Mrs. E. D.
Artagaveytia, Mr. Ramon
Astor, Colonel J. J. and Man servant
Astor, Mrs J. J. and Maid
Aubert, Mrs. N. and Maid

Barkworth, Mr. A. H.
Baumann, Mr. J.
Baxter, Mrs. James
Baxter, Mr. Quigg
Beattie, Mr. T.
Beckwith, Mr. R. L.
Beckwith, Mrs. R. L.
Behr, Mr. K. H.
Bishop, Mr. D. H.
Bishop, Mrs. D. H.
Bjornstrom, Mr. H.
Blackwell, Mr. Stephen Weart
Blank, Mr. Henry
Bonnell, Miss Caroline
Bonnell, Miss Lily

Borebank, Mr. J. J.
Bowen, Miss
Bowerman, Miss Elsie
Brady, Mr. John B.
Brandeis, Mr. E.
Brayton, Dr. George
Brewe, Dr. Arthur Jackson
Brown, Mrs. J. J.
Brown, Mrs. J. M.
Bucknell, Mrs. W. and Maid
Butt, Major Archibald W.

Calderhead, Mr. E. P.
Cardell, Mrs. Churchill
Cardeza, Mrs. J. W. M. and Maid
Cardeza, Mr. T. D. M. and Man servant
Carlson, Mr. Frank
Carran, Mr. J. P.
Carter, Mr. William E.
Carter, Mrs. William E. and Maid
Carter, Miss Lucile
Carter, Master William T.
Case, Mr. Howard B.
Cavendish, Mr. T. W.
Cavendish, Mrs. T. W. and Maid
Chaffee, Mr. Herbert F.
Chaffee, Mrs. Herbert F.
Chambers, Mr. N. C.
Chambers, Mrs. N. C.

Cherry, Miss Gladys
Chevré, Mr. Paul
Chibnall, Mrs. E. M. Bowerman
Chisholm, Mr. Robert
Clark, Mr. Walter M.
Clark, Mrs. Walter M
Clifford, Mr. George Quincy
Colley, Mr. E. P.
Compton, Mrs. A. T.
Compton, Miss S. R.
Compton, Mr. A. T., Jr.
Cornell, Mrs. R. C.
Crafton, Mr. John B.
Crosby, Mr. Edward G.
Crosby, Mrs. Edward G.
Crosby, Miss Harriet
Cummings, Mr. John Bradley
Cummings, Mrs. John Bradley

Daly, Mr. P. D.
Daniel, Mr. Robert W.
Davidson, Mr. Thornton
Davidson, Mrs. Thornton
de Villiers, Mrs. B.
Dick, Mr. A. A.
Dick, Mrs A. A.
Dodge, Mr. Washington
Dodge, Mrs. Washington
Dodge, Master Washington

Douglas, Mrs. F. C.
Douglas, Mr. W. D.
Douglas, Mrs. W. D. and Maid
Dulles, Mr. William C.

Earnshaw, Mrs. Boulton
Endres, Miss Caroline
Eustis, Miss E. M.
Evans, Miss E.

Flegenheim, Mrs. A.
Flynn, Mr. J. I.
Foreman, Mr. B. L.
Fortune, Mr. Mark
Fortune, Mrs. Mark
Fortune, Miss Ethel
Fortune, Miss Alice
Fortune, Miss Mabel
Fortune, Mr Charles
Franklin, Mr. T. P.
Frauenthal, Dr. Henry W.
Frauenthal, Mrs Henry W.
Frolicher, Miss Marguerite
Futrelle, Mr. J.
Futrelle, Mrs. J.

Gee, Mr. Arthur
Gibson, Mrs. L.
Gibson, Miss D.
Goldenberg, Mr. E. L.
Goldenberg, Mrs. E. L.

Goldschmidt, Mr. George B.
Gracie, Colonel Archibald
Graham, Mr.
Graham, Mrs. William G.
Graham, Miss Margaret
Greenfield, Mrs. L. D.
Greenfield, Mr. W. B.
Giglio, Mr. Victor
Guggenheim, Mr. Benjamin

Harder, Mr. George A.
Harder, Mrs. George A.
Harper, Mr. Henry Sleeper and Manservant
Harper, Mrs. Henry Sleeper
Harris, Mr. Henry B.
Harris, Mrs. Henry B.
Harrison, Mr. W. H.
Haven, Mr. H.
Hawksford, Mr. W. J.
Hays, Mr. Charles M.
Hays, Mrs. Charles M. and Maid
Hays, Miss Margaret
Head, Mr. Christopher
Host, Mr. W. F.
Hilliard, Mr. Herbert Henry
Hipkins, Mr. W. E.
Hippach, Mrs. Ida S.
Hippach, Miss Jean
Hogeboom, Mrs. John C.
Holverson, Mr. A. O.
Holverson, Mrs. A. O.
Hoyt, Mr. Frederick M.

Hoyt, Mrs. Frederick M.

Isham, Miss A. E.
Ismay, Mr. and Manservant

Jakob, Mr. Birnbaum
Jones, Mr. C. C.
Julian, Mr. H. F.

Kent, Mr. Edward A.
Kenyon, Mr. F. R.
Kenyon, Mrs. F. R.
Kimball, Mr. E. N.
Kimball, Mrs. E. N.
Klaber, Mr. Herman

Lambert-Williams, Mr. Fletcher Fellowes
Leader, Mrs. F. A.
Lewy, Mr. E. G.
Lines, Mrs. Ernest. H.
Lines, Miss Mary C.
Lindstroem, Mrs. J.
Long, Mr. Milton C.
Loring, Mr. J. H.
Longley, Miss Gretchem F.

Madill, Miss Georgette Alexandra
Maguire, Mr. J .E.
Marechal, Mr. Pierre
Marvin, Mr. D. W.
Marvin, Mrs. D. W.
McCaffry, Mr. T.

McCarthy, Mr. Timothy J.
McGough, Mr. J. R.
Melody, Mr. A.
Meyer, Mr. Edgar J.
Meyer, Mrs. Edgar J.
Millet, Mr. Frank D.
Minahan, Dr. W. E.
Minahan, Mrs. W. E.
Minahan, Miss Daisy
Molsom, Mr. H Markland
Moore, Mr. Clarence and Man servant
Morgan, Mr.
Morgan, Mrs. and Maid

Natsch, Mr. Charles
Newell, Mr. A .W.
Newell, Miss Alice
Newell, Miss Madeline
Newsom, Miss Helen
Nicholson, Mr. A. S.

Ostby, Mr. E. C.
Ostby, Miss Helen R.
Ovies, Mr. S.
Parr, Mr. M. H. W.
Partner, Mr. Austin
Payne, Mr. V.
Pears, Mr. Thomas
Pears, Mrs. Thomas
Penasco, Mr. Victor
Penasco, Mrs. Victor and Maid
Peuchen, Major Arthur

~BEKANNT-MACHUNG~

REGELUNGEN FÜR DIE ANKUNFT IN NEW YORK..

SOLLTE DER DAMPFER AM KAI IN NEW YORK NACH 20 UHR EINTREFFEN, KÖNNEN DIE PASSAGIERE AUF EIGENEN WUNSCH AN LAND GEHEN UND IHR GEPÄCK SOFORT BEI ANKUNFT DURCH DIE ZOLLBEHÖRDEN ABFERTIGEN LASSEN. JENE, DIE AN BORD BLEIBEN MÖCHTEN, KÖNNEN DIES TUN UND IHR GEPÄCK AM FOLGENDEN MORGEN, NICHT JEDOCH VOR 7 UHR, ABFERTIGEN LASSEN. PASSAGIERE, DIE ÜBER NACHT AN BORD BLEIBEN, ERHALTEN EIN FRÜHSTÜCK.

Porter, Mr. Walter Chamberlain
Potter, Mrs. Thomas, Jr.

Reuchlin, Mr. Jonkheer J. G.
Rheims, Mr. George
Robert, Mrs. Edward S. and Maid
Roebling, Mr. Washington A. 2nd
Rolmane, Mr. C.
Rood, Mr. Hugh R.
Rosenbaum, Miss
Ross, Mr. J. Hugo
Rothes, The Countess of and Maid
Rothschild, Mr. M.
Rothschild, Mrs. M.
Rowe, Mr. Alfred
Ryerson, Mr. Arthur
Ryerson, Mrs. Arthur and Maid
Ryerson, Miss
Ryerson, Miss
Ryerson, Master

Saalfeld, Mr. Adolphe
Saloman, Mr. A. L.
Schabert, Mr.
Seward, Mr. Frederic K.
Shutes, Miss E. W.
Silverthorne, Mr.
Silvey, Mr. William B.
Silvey, Mrs. William B.
Simonius, Mr. Oberst Alfons
Sloper, Mr. William T.

Smart, Mr. John M.
Smith, Mr. J Clinch
Smith, Mr. R. W.
Snyder, Mr. John
Snyder, Mrs. John
Spedden, Mr. Frederick O.
Spedden, Mrs. Frederick O. and Maid
Spedden, Master R. Douglas and Nurse
Spencer, Mr. W. A.
Spencer, Mrs. W. A. and Maid
Stahelin, Dr. Max
Stead, Mr. W. T.
Stehli, Mr. Max Frolicher
Stehli, Mrs. Max Frolicher
Stengel, Mr. C. E. H.
Stengel, Mrs. C. E. H.
Stephenson, Mrs. W. B.
Stewart, Mr. A. A.
Stone, Mrs. George M. and Maid
Straus, Mr. Isidor and Manservant
Straus, Mrs. Isidor and Maid
Sutton, Mr. Frederick
Swift, Mrs. Frederick Joel

Taussig, Mr. Emil
Taussig, Mrs. Emil
Taussig, Miss Ruth
Taylor, Mr. E. Z.
Taylor, Mrs. E. Z.
Thayer, Mr. J. B.

Thayer, Mrs. J. B. and Maid
Thayer, Mr. J. B., Jr.
Thorne, Mr. G.
Thorne, Mrs. G.
Tucker, Mr. G. M., Jr.

Uruchurtu, Mr. M. R.

Van der Hoef, Mr. Wyckoff

Walker, Mr. W. Anderson
Warren, Mr. F. M.
Warren, Mrs. F. M.
Weir, Mr. J.
White, Mr. M. J.
White, Mr. Percival W.
White, Mr. Richard F.
Wh.te, Mrs. J Stuart Maid, and Manservant
Wick, Mr. George D.
Wick Mrs George D.
Wick, Miss Mary
Widerer, Mr. George D. an1 Manservant
Widener, Mrs. George D. and Maid
Widener, Mr. Harry
Willard, Miss Constance
Williams, Mr. Duane
Williams, Mr. R. M. Jr.
Woolner, Mr. Hugh
Wright, Mr. George
Young, Miss Marie

R.M.S. "TITANIC"

FRÜHSTÜCK

Bratäpfel Frisches Obst
Geschmorte Backpflaumen
Haferflocken Gekochtes Maismehl Puffreis
Frische Heringe
Findon-Schellfisch Räucherlachs
Gegrillte Hammelnieren & Speck
Gegrillter Schinken Würstchen
Gebratenes Lamm Gemüseeintopf
Spiegelei, Rührei, Pochierte und Gekochte Eier
Omelette Natur & Tomaten-Omelette auf Bestellung
Lendensteak & Hammelkotelett auf Bestellung
Kartoffelpüree, Röst- & Pellkartoffeln
Aufschnitt Wiener & Graham-Brötchen
Soda- & Rosinen-Scones Maisbrot
Buchweizenkuchen
Schwarze Johannisbeerkonfitüre
Narbonne-Honig Oxford-Marmelade
Brunnenkresse

R.M.S. "TITANIC"

MITTAGESSEN

Consommé Fermier   Schottische Lauchsuppe
Ei à l'Argenteuil
Huhn à la Maryland
Corned Beef, Gemüse, Klösse

VOM GRILL

Gegrillte Hammelkoteletts
Kartoffelpüree, Brat- & Ofenkartoffeln
Vanillepudding
Apfel-Baiser   Pastete

BUFFET

Lachsmayonnaise   Eingelegte Garnelen
Norwegische Anchovis   Eingelegte Heringe
Sardinen Natur & Geräuchert
Roastbeef
Variationen von Gewürztem Rindfleisch
Kalbfleisch- & Schinkenpastete
Virginia- & Cumberland-Schinken
Mortadella   Sülze
Galantine vom Huhn
Gepökelte Ochsenzunge
Salat   Rote Bete   Tomaten

KÄSE

Cheshire   Stilton   Gorgonzola   Edamer
Camembert   Roquefort   St. Ivel
Cheddar

Eisgekühltes Münchner helles Bier vom Fass für 3 Pence & 6 Pence pro Bierkrug

ERSTER-KLASSE-ABENDESSEN

Hors d'oeuvres Variés

Austern

Consommé Olga   Gerstencremesuppe

Lachs, Sauce Mousseline, Gurke

Filet Mignon Lili

Sautiertes Hühnchen Lyonnaise

Farce vom Gartenkürbis

Lamm, Minzsauce

Gebratenes Entenküken, Apfelmus

Rinderlendenbraten   Château-Kartoffeln

Grüne Erbsen   Rahmkarotten

Gekochter Reis

Parmentier- & Gekochte Neue Kartoffeln

Punch Romaine

Gebratener Jungvogel & Kresse

Roter Burgunder

Kalter Spargel   Vinaigrette

Pâté de Foie Gras

Sellerie

Waldorf-Pudding

Pfirsich in Götterspeise
Mit Chartreuse-Likör

Schokoladen- & Vanille-Eclairs

Französische Eiscreme

Allgemeine Informationen für Passagiere der zweiten Klasse

Für sämtliche angegebenen Gebühren sind Änderungen ohne vorherige Ankündigung vorbehalten

BEFÖRDERUNGSBEDINGUNGEN: Die Passagiere werden ausdrücklich auf die auf den Passagetickets vertraglich festgelegten Beförderungsbedingungen hingewiesen.

HIN- UND RÜCKFAHRT: Die Fahrpreis für die Hin- und Rückfahrt setzt sich aus den kombinierten Tarifen der einfachen Fahrten in westlicher und östlicher Richtung für das jeweilige Dampfschiff und die gewählte Unterkunftsklasse ohne jeden Abzug zusammen.

AUSTAUSCHBARE RÜCKFAHRKARTEN: Mit der White Star Line reisende Transatlantik-Passagiere im Besitz einer Rückfahrkarte besitzen das Privileg, die Rückreise entweder mit der White Star Line oder mit den Reedereien American Line, Atlantic Transport, Dominion Leyland, Red Star oder White Star-Dominion Lines anzutreten. Die Rückfahrkarten stehen auch für Reisen mit den Reedereien Cunard, French, Hamburg-Amerika-Linie, Holland-America-Line, Norddeutscher Lloyd oder Austro-Americana Lines zur Verfügung. Passagiere mit einem Rückfahrticket einer dieser Reedereien können überdies auch mit der White Star Line zurückfahren. Es gelten die Vorschriften und Reisebestimmungen der Reederei, mit welcher der Passagier die Rückreise antreten möchte.

SCHIFFSARZT: Auf jedem Dampfschiff fährt ein erfahrener Schiffsarzt mit. Dieser ist berechtigt, für die Behandlung von Passagieren auf deren Verlangen hin, die üblichen Gebühren zu erheben. Letztere bedürfen in jedem Fall und bei allen Erkrankungen, die nicht ihren Ursprung an Bord des Schiffes haben, der Genehmigung des Kommandanten. Medikamente werden in jedem Fall kostenlos zur Verfügung gestellt.

STEWARDESSEN zur Betreuung von Damen und Kindern befinden sich ebenfalls an Bord.

RESERVIERUNG VON SCHLAFKOJEN: Schlafkojen können im Voraus oder bei Antritt der Reise gegen Vorlage eines gültigen Tickets sowie einer Zahlung von 10 Dollar pro Erwachsenem reserviert werden.

GEPÄCK: Jeder erwachsene Zweiter-Klasse-Passagier kann ohne Aufpreis 20 Kubikfuß Gepäck mitnehmen. Darüber hinaus fällt pro 1 Kubikfuß (Anm. d. Übersetzers: 1 Kubikfuß sind 0,02 m^3) eine Gebühr von 25 Cent an. Reisegepäck darf 35 Zentimeter in der Höhe, 60 Zentimeter in der Breite und 91 Zentimeter in der Länge nicht überschreiten. Alle großen Teile müssen im Laderaum untergebracht werden. Gepäckanhänger sind auf Anfrage erhältlich. Passagiere, die das Schiff in Plymouth, Cherbourg oder Queenstown verlassen, müssen ihr Gepäck entsprechend kennzeichnen. Handelswaren, Hausmobiliar, Klaviere usw. gelten nicht als Gepäck und müssen entsprechend den Vereinbarungen als Fracht berechnet werden. Das Gepäck muss vor dem Einschiffen auf dem Pier aufgegeben werden, anderenfalls könnte es dort auf eigene Gefahr des Passagiers zurückbleiben.

FAHRRÄDER müssen in Kisten verpackt sein und werden nur auf eigene Gefahr befördert. Die Gebühr beträgt jeweils 2,50 Dollar.

DECKSLIEGESTÜHLE UND WOLLDECKEN können gegen eine Gebühr von jeweils 1 Dollar geliehen werden – mit zwölf Stunden vorheriger Ankündigung.

HUNDE, KATZEN, AFFEN: Die Gebühr für Hunde beträgt je 10 Dollar. Gebühren für Katzen und Affen auf Anfrage. Vögel usw. 2,50 Dollar je Käfig. In diesen Gebühren ist das übliche Honorar für den Schlachter nicht enthalten. Hunde, Katzen und Affen müssen vor dem An-Bord-Bringen in einen Käfig gesperrt und in die Obhut des Schlachters gegeben werden. Für Hunde, die in England an Land gehen, ist eine spezielle Genehmigung des Landwirtschaftsministeriums in London erforderlich. Ohne diese Erlaubnis werden sie nicht an Bord genommen. Details auf Anfrage.

WERTSACHEN: Die White Star Line hat im Zahlmeisterbüro einen Tresor zur Verfügung gestellt. In diesem können die Passagiere Geld, Juwelen oder Schmuck zur sicheren Aufbewahrung deponieren. Die Reederei haftet gegenüber den Passagieren nicht für den Verlust von Geld, Juwelen oder Schmuck infolge Diebstahls oder wenn diese nicht zur sicheren Aufbewahrung abgegeben wurden.

AUFPREIS FÜR DIE PASSAGE ODER FRACHT: Bei Bezahlung an Bord ist dafür auf Formularen der Reederei eine Quittung auszustellen.

GEPÄCKVERSICHERUNG: Die Haftung der Reederei für Gepäck ist streng begrenzt, jedoch können Passagiere aufgrund von Vereinbarungen der Reederei ihr Gepäck und ihre persönlichen Gegenstände ab Verlassen ihres Wohnsitzes weltweit gegen Verlust oder Schäden durch Feuer oder Blitzschlag und praktisch alle Risiken und Gefahren beim Transport sowie auf einer Reise an Land oder auf See versichern lassen. Die Versicherung wird dringend von der Reederei empfohlen und erfolgt in Form eines Touristengepäck-Tickets durch die St. Paul Fire and Marine Insurance Company in St. Paul, Minnesota. Erhältlich über die Vertretungen unserer Reederei und unsere eigenen Büros. Kosten pro Woche: 25 Cent je 150 Dollar Versicherungssumme. Höchstsumme pro Person: 6.000 Dollar.

GEPÄCKABFERTIGUNG: Diese erfolgt ab Pier in New York zu jedem Bestimmungsort. Bei Ankunft in New York und nach Anmeldung bei einem uniformierten Eisenbahnbeauftragten, der bei allen Ankünften von Schiffen der White Star Line bereitsteht, können Bahnfahrkarten gekauft und das Gepäck der Passagiere der ersten und zweiten Klasse vom Dampfschiffpier zu jedem Punkt entlang der Haupteisenbahnlinien aufgegeben werden.

ABFAHRTEN VON QUEENSTOWN: In Queenstown zusteigende und weniger als 50 Dollar zahlende Passagiere der zweiten Klasse auf einem in Southampton abgefahrenen Postdampfer der White Star Line müssen am Donnerstagmorgen spätestens um 8 Uhr eintreffen. Wer 50 Dollar und mehr bezahlt, darf sich mit den Passagieren der ersten Klasse einschiffen und muss am Donnerstagmorgen bis spätestens 10.15 Uhr in Queenstown sein.

REISESCHECKS: Diese Schecks sind in den amerikanischen Hauptbüros und Agenturen dieser Reederei erhältlich und können weltweit eingelöst werden. Reisende betrachten dies als die angenehmste Form, ihre Geldmittel bei sich zu führen.

KAUFEN SIE UNSERE INTERNATIONALEN REISESCHECKS

SICHER – WEIT VERBREITET – BEQUEM

Superseding all previous Rate Sheets.

WHITE STAR LINE
MAIL AND PASSENGER STEAMERS

WHITE STAR-DOMINION CANADIAN SERVICE
(ROYAL MAIL STEAMERS)

Second Class Rates, 1912

OLYMPIC
45,324 Tons

The
World's Largest
and Finest
Steamers

TITANIC
45,000 Tons

The
World's Largest
and Finest
Steamers

NEW YORK - CHERBOURG - SOUTHAMPTON
(Via Plymouth Eastbound and via Queenstown Westbound)

NEW YORK - QUEENSTOWN - LIVERPOOL

BOSTON - QUEENSTOWN - LIVERPOOL

MONTREAL - QUEBEC - LIVERPOOL

PORTLAND - LIVERPOOL

OFFICES:
9 BROADWAY, NEW YORK
Pier 62 North River (Foot of West 23rd Street), New York

84 STATE STREET, BOSTON   **118 NOTRE DAME STREET W., MONTREAL**

CHICAGO .... Cor. Washington & La Salle Sts.	QUEBEC .... 53 Dalhousie Street
HALIFAX, N. S. .... 159 Hollis Street	SAN FRANCISCO .... 319 Geary Street
MINNEAPOLIS .... 121 South Third Street	SEATTLE .... 619 Second Avenue
NEW ORLEANS .... 219 St. Charles Street	ST. LOUIS .... 900 Locust Street
PHILADELPHIA .... 1319 Walnut Street	TORONTO .... 41 King Street, East
PORTLAND, ME. .... 1 India Street	WASHINGTON .... 1306 F Street, N. W
	WINNIPEG, 333 Main St., S. E. Cor. Portage Ave.

No. 1.
New York, January, 1912   J-20 C1029

On every occasion when referring to berths, please mention Deck Initial as well as Stateroom Number

SECOND CLASS ☆ OCEAN RATES
Available only for Tickets Purchased in America

FROM NEW YORK TO PLYMOUTH - CHERBOURG*- SOUTHAMPTON   FROM SOUTHAMPTON - CHERBOURG*- QUEENSTOWN TO NEW YORK

The Company reserves the right to alter Passage Rates without notice. Return Tickets issued on payment of the combined Eastbound and Westbound fares.

THE WORLD'S LARGEST AND FINEST STEAMERS

U. S. & R. M. S. "OLYMPIC" 45,324 TONS and "TITANIC" 45,000 TONS

RAILROAD FARES
From PLYMOUTH to LONDON, 3rd Class, $3.75
Between SOUTHAMPTON and LONDON.
2nd Class, $1.75   3rd Class, $1.40
Between CHERBOURG and PARIS
2nd Class, $6.   3rd Class, $3.90

		WINTER SEASON NEW YORK to PLYMOUTH or SOUTHAMPTON before May and after July 15. SOUTHAMPTON or QUEENSTOWN to NEW YORK before August 15 and after September 30	SUMMER SEASON (Eastbound) From NEW YORK May 1 to July 15 To PLYMOUTH or SOUTHAMPTON				SUMMER SEASON (Westbound) From SOUTHAMPTON or QUEENSTOWN August 15 to September 30			
		PER ADULT	For 4 Adults each	For 3½	For 3 ADULTS IN A ROOM Per Room	For 2½	For 2	For 4 Adults each	For 3½	For 3 ADULTS IN A ROOM Per Room	For 2½	For 2

		PER ADULT	For 4 Adults each	For 3½	For 3	For 2½	For 2	For 4 Adults each	For 3½	For 3	For 2½	For 2
SALOON DECK "D"..."Olympic" and "Titanic"		$67.50	$72.50	$277.50	$265.00	$252.50	$240	$77.50	$297.50	$285	$272.50	$260
Outside Rooms	(4 Berths—D53, D54, D57, D58, D65, D66, D71.	67.50	70.00	267.50	255.00	242.50	230	75.00	287.50	275	262.50	250
	4 Berths—D72, D73, D84.	57.50					160					180
	2 Berths—D60, D63, D73, D74, D87. D85†, D86†	65.00	67.50	257.50	245.00	232.50	230	72.50	277.50	265	252.50	240
Inside Rooms	4 Berths—D75, D80, D55†, D61†, D62†	65.00					150					170
	2 Berths—D63†, D64†, D70†, D76†, D79†, D89† D68†, D69†, D70†, D77†, D78†, D81†, D82†	65.00					105					175
MAIN DECK "E"..."Olympic" and "Titanic"												
Outside Rooms	4 Berths—E85, E89, E92, E93, E99. 4 Berths—E86, E100, E103, E94. E93, E97, E100.	65.00	70.00	267.50	265.00	242.50	230	75.00	287.50	275	262.50	250
	2 Berths—E104, E101, E104. 2 Berths—E103.	65.00	67.50	257.50	245.00	232.50	220	72.50	277.50	265	252.50	240
		65.00					210					230
Inside Rooms	4 Berths—E95. 2 Berths—E88†, E91†	65.00	65.00	247.50	235.00	222.50	145	70.00	267.50	255	242.50	165
	2 Berths—E87, E98. 2 Berths—E91, E102.	65.00					140					130
MIDDLE DECK "F"..."Olympic" and "Titanic"												
Outside Rooms	4 Berths—F5, F9, F14, F19, F25, F28, F38. 4 Berths—F58, F60, F65, F11, F12, F21, F27. F34, F43, F45, F40, F43, F44, F46, F52. F53, F57, F61, F64, F69.	65.00	67.50	257.50	245.00	232.50	220	75.00	287.50	275	262.50	250
		65.00					210					240
	2 Berths—F1, F2, F6, F10, F16, F20, F24, F30. F31, F35, F36, F39, F42, F51, F59, F63. F26, F32, F37, F38, F41, F46, F47.	65.00	65.00	247.50	235.00	222.50	145	72.50	277.50	265	252.50	175
Inside Rooms		65.00					210					230
		65.00	65.00	247.50	235.00	222.50	145	70.00	267.50	255	242.50	175
ROOMS NOT INCLUDED IN THE ABOVE		65.00	65.00				185	70.00 and up				160
							180					145 and up

† Sofa in Room sufficiently large to accommodate one child.   The size of each Sofa is indicated on the plan.

TRIPLE SCREW STEAMER "TITANIC."

2ND. CLASS

APRIL 14, 1912.

FRÜHSTÜCK

HAFERFLOCKEN   GEKOCHTES MAISMEHL

FRISCHER FISCH   YARMOUTH-BÜCKLINGE

GEGRILLTE OCHSENNIERE & SPECK

GRATINIERTES PÖKELFLEISCH

AUF AMERIKANISCHE ART

GRILLWURST   KARTOFFELPÜREE

GEGRILLTER SCHINKEN & SPIEGELEIER

BRATKARTOFFELN

WIENER & GRAHAM-BRÖTCHEN   SODA-SCONES

BUCHWEIZENKUCHEN

KONSERVIERTER AHORNSIRUP

MARMELADE

TEE   KAFFEE

BRUNNENKRESSE

TRIPLE SCREW STEAMER "TITANIC."

2ND. CLASS

APRIL 14, 1912.

MITTAGESSEN

ERBSENSUPPE

GRATINIERTE SPAGHETTI

CORNED BEEF   GEMÜSEKLÖSSE

HAMMELBRATEN

OFENKARTOFFELN

KALTER HAMMELBRATEN

ROASTBEEF   OCHSENZUNGENWURST

PICKLES   SALAT   TAPIOKA

PUDDING   APFELKUCHEN

FRISCHES OBST   KÄSE   GEBÄCK

KAFFEE

TRIPLE SCREW STEAMER "TITANIC."

2ND. CLASS

APRIL 14, 1912.

ABENDESSEN

CONSOMMÉ TAPIOCA

GEBACKENER SCHELLFISCH   SCHARFE SAUCE

CURRYHUHN & REIS

FRÜHLINGSLAMM, MINZSAUCE

PUTENBRATEN, CRANBERRY-SAUCE

GRÜNE ERBSEN   PÜRIERTE STECKRÜBEN

GEKOCHTER REIS   GEKOCHTE & RÖSTKARTOFFELN

PLUMPUDDING   WEINGELEE

KOKOSNUSS-SANDWICH

AMERIKANISCHE EISCREME   AUSWAHL AN NÜSSEN

FRISCHES OBST   KÄSE & GEBÄCK

KAFFEE

WHITE STAR LINE
Muster-Speiseplan der dritten Klasse
Änderungen vorbehalten, wenn die Umstände es erfordern

	Sonntag	Montag	Dienstag	Mittwoch	Donnerstag	Freitag	Samstag
Frühstück	Haferflocken und Milch Geräucherte Heringe und Pellkartoffeln Gekochte Eier Frisches Brot und Butter Marmelade, Knäckebrot Tee und Kaffee	Porridge und Milch Irish Stew Brühwurst Frisches Brot und Butter Marmelade, Knäckebrot Tee und Kaffee	Porridge und Milch Lengfisch, Eiersauce Gebratene Kutteln und Zwiebeln Pellkartoffeln Frisches Brot und Butter Marmelade, Knäckebrot Tee und Kaffee	Haferflocken und Milch Geräucherte Heringe Beefsteak und Zwiebeln Pellkartoffeln Frisches Brot und Butter Marmelade, Knäckebrot Tee und Kaffee	Porridge und Milch Leber und Speck Irish Stew Frisches Brot und Butter Marmelade, Knäckebrot Tee und Kaffee	Haferflocken und Milch Geräucherte Heringe Pellkartoffeln Curry Beef und Reis Frisches Brot und Butter Marmelade, Knäckebrot Tee und Kaffee	Porridge und Milch Gemüseeintopf Gebratene Kutteln und Zwiebeln Frisches Brot und Butter Marmelade, Knäckebrot Tee und Kaffee
Mittagessen	Gemüsesuppe Schweinebraten, Salbei und Zwiebeln Grüne Erbsen Salzkartoffeln Schiffszwieback, Frisches Brot Plumpudding, süße Sauce Apfelsinen	Graupensuppe Beefsteak und Nierenpastete Karotten und Steckrüben Salzkartoffeln Schiffszwieback, frisches Brot Apfelkompott und Reis	Erbsensuppe Kaninchenfrikassee und Speck Limabohnen, Salzkartoffeln Schiffszwieback, frisches Brot Grießpudding Apfel	Reissuppe Corned Beef und Weißkohl Salzkartoffeln Schiffszwieback, frisches Brot Pfirsiche und Reis	Gemüsesuppe Gekochtes Hammelfleisch und Kapernsauce Grüne Erbsen, Salzkartoffeln Schiffszwieback, frisches Brot Plumpudding, süße Sauce	Erbsensuppe Lengfisch, Eiersalat Kaltes Rindfleisch und Pickles Weißkohl, Salzkartoffeln Schiffszwieback, frisches Brot Getreidepudding Apfelsinen	Bouillon Roastbeef und braue Bratensauce Grüne Erbsen, Salzkartoffeln Schiffszwieback, frisches Brot Pflaumen und Reis
Tee	Rinderragout, Kartoffeln und Pickles Aprikosen Frisches Brot und Butter Rosinenbrötchen Tee	Curry-Hammel und Reis Käse und Pickles Frisches Brot und Butter Pflaumenkonfitüre Knäckebrot Tee	Hammelfleisch mit Bohnen Pickles Pflaumen und Reis Frisches Brot und Butter Knäckebrot Tee	Sülze Käse und Pickles Frisches Brot und Butter Rhabarberkonfitüre Rosinenbrötchen Tee	Wurst und Kartoffelpüree Pökelfleisch Äpfel und Reis Frisches Brot und Butter Knäckebrot Tee	Kabeljaufrikadellen Käse und Pickles Frisches Brot und Butter Pflaumen- und Apfelkonfitüre Knäckebrot Tee	Kaninchenpastete Ofenkartoffeln Frisches Brot und Butter Rhabarber- und Ingwerkonfitüre Knäckebrot Tee

ABENDESSEN: Täglich Schiffszwieback und Käse, Haferschleim, Kaffee.

Frischer Fisch wird als Ersatz für gepökelten Fisch serviert, wenn sich die Gelegenheit bietet.

Koscheres Fleisch wird auf Wunsch für jüdische Passagiere besorgt und zubereitet.

Reklamationen, die Essensversorgung, mangelnde Aufmerksamkeit oder Unhöflichkeit betreffend, sollten sofort an den Zahlmeister oder Chefsteward gemeldet werden. Zur Identifizierung trägt jeder Steward ein nummeriertes Abzeichen am Arm.

Abschnitt 4

Betrieb, Sicherheit und Navigation

Kapitän E. J. Smith, R.D.¹, Commr. R.N.R. ²

~Schiffsoffiziere~

Captain, E. J. Smith, R.D. (Commr. R.N.R.) ~ *Kapitän*
Lt.[3] Henry Tingle Wilde, R.N.R ~ *Leitender Offizier*
Lt. William McMaster Murdoch, R.N.R ~ *Erster Offizier*
Sub-Lt.[4] Charles Herbert Lightoller, R.N.R ~ *Zweiter Offizier*
Mr. Herbert John Pitman ~ *Dritter Offizier*
Sub-Lt. Joseph Groves Boxhall, R.N.R ~ *Vierter Offizier*
Sub-Lt. Harold Godfrey Lowe, R.N.R ~ *Fünfter Offizier*
Mr. Paul James Moody ~ *Sechster Offizier*

~Besatzung~

Mr. W. F. N. O'Loughlin ~ *Schiffsarzt*
Mr. J. E. Simpson ~ *Assistenzarzt*
Mr. H. W. McElroy ~ *Zahlmeister*
Mr. R. L. Barker ~ *Zahlmeisterassistent*
Mr. A. A. Ashcroft ~ *Sekretär*
Mr. E. W. King ~ *Sekretär*
Mr. J. R. Rice ~ *Sekretär*
Mr. D. S. Campbell ~ *Sekretär der dritten Klasse*
Mr. J. G. Phillips ~ *Telegrafist*
Mr. H. S. Bride ~ *Telegrafieassistent*
Mr. A. L. Latimer ~ *Chefsteward*
Mr. J. T. Hardy ~ *Chefsteward der zweiten Klasse*
Mr. J. W. Kieran ~ *Chefsteward der dritten Klasse*
Mr. J. A. Paintin ~ *Kapitänssteward*
Mr. T. W. McCawley ~ *Steward in der Turnhalle*
Mr. F. Wright ~ *Steward auf dem Squashfeld*

---

[1] *Decorations for Officers of the Royal Navy Reserve*
[2] *Commander Royal Navy Reserve – Reserveoffizier der Royal Navy*
[3] *Oberleutnant zur See der britischen Marine*
[4] *Sublieutnant = Leutnant zur See der britischen Marine*

ROUTEN AUF DEM NORDATLANTIK

Gemäß Vereinbarung der wichtigsten Dampfschiffreedereien, in Kraft getreten am 15. Januar 1899 und nun herausgegeben als allgemeine Information

IN WESTLICHE RICHTUNG GEHEND

VOM 15. JANUAR BIS 14. AUGUST, BEIDE TAGE EINGESCHLOSSEN

Von Fastnet oder Bishop Rock auf GROSSKREISKURS (aber nicht südlich des Kreuzungspunktes 42° Nord / 047° West, wenn eine Strömung aus östlicher Richtung angetroffen wird), bis zu einer Position südlich vom Feuerschiff NANTUCKET, von dort bei Kurs auf New York bis Feuerschiff FIRE ISLAND oder bis zum Feuerschiff FIVE FATHOM BANK SOUTH, wenn das Schiff auf dem Weg nach Philadelphia ist.

VOM 15. AUGUST BIS 14. JANUAR, BEIDE TAGE EINGESCHLOSSEN

Von Fastnet oder Bishop Rock auf GROSSKREISKURS, aber nicht südlich des Kreuzungspunktes 46° Nord / 049° West, sondern von dort auf der Loxodrome bis zum Kreuzungspunkt 46° Nord / 060° West steuernd, von dort auf der Loxodrome bis zu einer Position südlich Feuerschiff NANTUCKET, und bei Kurs auf New York bis Feuerschiff FIRE ISLAND oder bis zum Feuerschiff FIVE FATHOM BANK SOUTH, wenn das Schiff auf dem Weg nach Philadelphia ist.

IN ÖSTLICHE RICHTUNG GEHEND

Zu allen Jahreszeiten vom Feuerschiff SANDY HOOK oder FIVE FATHOM BANK SOUTH bis zum Kreuzungspunkt 40° 10' Nord / 070° West steuernd, jedoch nicht nördlich davon.

VOM 15. JANUAR BIS 23. AUGUST, BEIDE TAGE EINGESCHLOSSEN

Von der Position 70° West / 040° 10' Nord steuert man auf der Loxodrome bis zum Kreuzungspunkt 41° Nord / 047° West, von dieser Position bei Kurs auf den Irish Channel bis Fastnet, jedoch nicht nördlich des GROSSKREISES, und bei Kurs auf den Ärmelkanal entlang des GROSSKREISES bis Bishop Rock, jedoch nicht nördlich von diesem.

VOM 24. AUGUST BIS 14. JANUAR, BEIDE TAGE EINGESCHLOSSEN

Von 40° 10' Nord / 070° West steuert man zum Kreuzungspunkt 42° Nord / 060° West, von diesem auf der Loxodrome bis zum Kreuzungspunkt 46° 30' Nord / 045° West und weiter bei Kurs auf den Irish Channel bis Fastnet, jedoch nicht nördlich des GROSSKREISES, und bei Kurs auf den Ärmelkanal so nahe wie möglich entlang des GROSSKREISES bis Bishop Rock, sich stets südlich des Breitengrades von Bishop Rock haltend.

ALLGEMEINE ANWEISUNG

Bei Kurswechseln an Kreuzungspunkten der Meridiane vor und nach der Mittagsstunde notieren Sie in Ihrem Logbuch die Distanzen sowohl zu und von den Meridianen, welche das Schiffe von Mittag bis Mittag durchfahren hat, nicht jedoch die Distanz von der Mittagsposition am Vortag bis zur Mittagsposition am Tag nach Überquerung des Meridians.

United States & Royal Mail Postdampfschiffe der White Star Line.

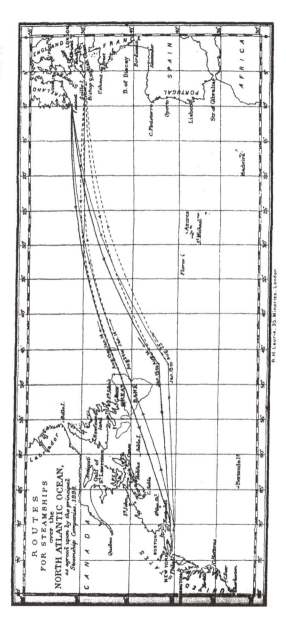

Arbeitsaufteilung an Bord der Schiffe

Die Anzahl der an Bord eines jeden Schiffes in allen Bereichen beschäftigten Besatzungsmitglieder beträgt jeweils etwa 860. Davon gehören rund 65 der Schiffsführung an, 320 sind in der Maschinenabteilung und weitere 475 als Stewards und in der Gastronomie beschäftigt. Der vordere Teil des Bootsdecks und die frei liegenden Decks an den Schiffsenden sind ausschließlich für Arbeits- und navigatorische Geräte vorgesehen, während die Handhabung des Schiffes durch den Betriebsgang auf der Backbordseite sehr erleichtert wird, der annähernd über die volle Länge des E-Decks verläuft und über Treppenhäuser mit allen wesentlichen Abteilungen verbunden ist.

Unterkünfte für Offiziere und Mannschaft

Die Lage der Unterkünfte der Offiziere und Besatzungsmitglieder lässt sich dem Generalplan des Schiffes entnehmen. Die Offiziere vorn auf dem Bootsdeck untergebracht. Die Quartiere der Ingenieure befinden sich auf dem Mitteldeck. Ihre Messe, Pantrys, Büros usw. sind auf dem Deck darüber, angrenzend an den Betriebsgang. Die Heizer haben ausgezeichnete Unterkünfte weiter vorn auf fünf Decks. Der Zugang von ihren Quartieren zu den Kesselräumen erfolgt über zwei Wendeltreppen und einen Tunnel durch die vorderen Laderäume. Dank dieser Raumaufteilung werden die Heizer von den Passagierkabinen komplett ferngehalten. Die Unterkünfte der Seeleute befinden sich vorn auf dem E-Deck. Der Wohnraum für die Stewards und das Gastronomiepersonal befindet sich auf der Backbordseite des E-Decks und ist vom Betriebsgang aus zugänglich.

Fracht, Gepäck und Post

Um einen Zugang für Fracht oder Gepäck in die unteren Laderäume zu schaffen, wurden drei Frachtladeluken, angeordnet auf der Mittschiffslinie, vorn zu den Laderäumen Nr. 1, 2 und 3 positioniert. Vier Ladeluken wurden achtern, ebenfalls auf der Mittschiffslinie, zu den Laderäumen Nr. 5 und 6 vorgesehen. Zwei weitere, kleinere Ladeluken, abseits der Mittschiffslinie, ermöglichen den Zugang zum Laderaum Nr. 4. Die Ladeluken zu den Laderäumen Nr. 1 und 2 werden über drei Dampfwinschen bedient. Die dritte Ladeluke, in der Nähe der Passagierunterkünfte, wird mit zwei elektrischen 2-Tonnen-Kränen und zwei elektrischen 3-Tonnen-Winschen bedient. Die zwei Ladeluken zum Laderaum Nr. 4 werden jeweils durch einen 1-Tonnen-Elektrokran bedient. Die verbleibenden Ladeluken Nr. 5 und 6 werden jeweils von zwei 2-Tonnen-Kränen und einer elektrischen 3-Tonnen-Winsch versorgt. Die Masten, mit einer Höhe von 62,30 Meter über der mittleren Tiefgangslinie, werden zum Laden der Fracht mittels Ausleger genutzt, während der Vormast einen geeigneten Ladebaum für das Heben von Kraftfahrzeugen trägt, die in einem der vorderen Laderäume verstaut werden. Das Postbüro und der Gepäckraum sind komprimiert auf dem vorderen Unter- und Orlopdeck angeordnet, um die Annahme und Auslieferung der Post sowie den Transport des Passagiergepäcks bei Abfahrt und Ankunft des Schiffes zu beschleunigen.

Die Kommandobrücke

Die Kommandobrücke, von der aus das Schiff gesteuert wird, befindet sich am vorderen Ende des Bootsdecks, sodass der Schiffsoffizier eine freie Sicht nach vorn hat. Diese Brücke beherbergt einen wahrhaften Wald an Instrumenten. In der Mitte befindet sich das Ruderhaus mit einem per Telemotor bedienten Steuerrad, mit welchem das Schiff gesteuert wird, sowie einem Standardkompass direkt davor. Vor dem Ruderhaus befinden sich die Maschinenraum-, Manövrier- und Rudertelegrafen sowie Lautsprechtelefone zu verschiedenen Stationen. Im angrenzenden abgeschirmten Kartenraum befinden sich auch die Regler für die wasserdichten Türen, der Unterwassersignalempfänger, der Ruderlagenanzeiger, die Mutteruhren und andere Apparate. Darüber hinaus gibt es weiter hinten noch eine Achterbrücke, die beim Anlegen oder Wenden des Schiffes auf engem Raum zum Einsatz kommt.

Navigationseinrichtungen

Die die Navigation betreffenden Einrichtungen sind die umfangreichsten. Zusätzlich zu den beiden Kompassen auf der Kapitänsbrücke und einem auf der dahinterliegenden Achterbrücke gibt es einen serienmäßigen Kompass auf einer mit Messing abgeschirmten Plattform in der Mitte des Schiffes, auf einer Höhe von 3,65 Meter oberhalb der Eisenkonstruktion und 23,70 Meter über der Wasserlinie. An die Brücke angrenzend gibt es zwei elektrisch betriebene, auf Rundhölzern angeordnete Patentlote für Tiefenmessungen bei hoher Geschwindigkeit des Schiffes. Somit können alle Beobachtungen unter der direkten Kontrolle des diensthabenden Offiziers vorgenommen werden. Die von J. W. Ray & Co. in Liverpool stammenden Telegrafen kommunizieren mit dem Maschinenraum, dem Ankerspill und anderen Stationen. Wie bereits erwähnt, gibt es auch eine Telemotoranlage zur Steuerung des Schiffes. Die Schiffe verfügen über eine komplette Installation zum Empfang von Unterwassersignalen.

Vorkehrungen zum Festmachen und Verholen

Die Werft legte ein besonderes Augenmerk auf die Vorkehrungen zum Festmachen der neuen Schiffe. Man hatte erkannt, das eine Schiffsgröße erreicht wurde, bei der die herkömmliche Anordnung mit zwei Bugankern nicht mehr ausreichen würde. Deshalb hat man sich entschlossen, zusätzlich einen schon zuvor erwähnten Stevenanker über eine Drahttrosse durch eine zusätzliche Ankerklüse im Vorsteven zu führen. Der Stevenanker wiegt 15,5 Tonnen, die Seitenanker jeweils 7,75 Tonnen. Die in Verbindung mit den Seitenankern verwendeten Ankerketten haben einen Materialdurchmesser von neun Zentimeter und eine Gesamtlänge von 604 Meter bei einem Gesamtgewicht von 96 Tonnen. Die verbesserten Hallanker (Klappanker) neuester Bauart wurden, wie auch die Ketten, von der Firma N. Hingley & Sons Ltd. in Netherton, Dudley angefertigt. Für die Bedienung des 15,5-Tonnen-Ankers wurde in Mittellinie des Backdecks ein kraftvoller Kran installiert, der sich in einem in das Deck eingelassenen Versaufloch gleich hinter dem Vorsteven befindet. Die Seitenanker sind in üblicher Art und Weise in Ankerklüsen untergebracht.

Die als Verbindung zum Stevenanker verwendete Drahttrosse hat einen Umfang von 25 Zentimeter und eine Länge von 320 Meter. Sie wurde im Falle der Olympic und Titanic von der Firma Bullivant & Co. Ltd. in London geliefert. Diese Trossen, zusammen mit den erforderlichen Kauschen und Spleißen, haben eine vom Hersteller garantierte Bruchlast von 280 Tonnen. Auf Anforderung des Board of Trade wurde in Cardiff in Anwesenheit der Bauaufseher eine

Der 15,5-Tonnen-Anker

Kausch mit Spleiß einem Bruchtest unterzogen. Dabei zerbrach das Probestück in der Nähe der Drahtenden des Spleißes bei einer Last von 289 Tonnen.

Die Einführung des Stevenankers hat die zusätzliche Installation eines allgemein gebräuchlichen Ankerwindengetriebes von Napier in Form einer großen Rillentrommel zum Aufwickeln der zuvor erwähnten 25-Zentimeter-Ankertrosse notwendig gemacht. Diese auf dem Shelterdeck vorn rechts platzierte Trommel wird über ein Schneckengetriebe von einem der Ankerwindenmotoren angetrieben. Die Ankerwindentrommeln beziehungsweise Spillkränze zum Aufwickeln der Trossen sind auf dem Backdeck angeordnet. Jede Trommel ist auf einer bis zum Shelterdeck heruntergeführten vertikalen Spindel montiert. Am unteren Ende jeder Spindel ist ein großformatiges Kegelrad verkeilt, das von einem Schneckengetriebe eines der vertikalen Ankerwindenmotoren unter dem Backdeck angetrieben wird. Die Kupplung und der Bremsmechanismus wurden komplett eingekapselt, um ein einwandfreies Arbeiten der Trossen unter allen Umständen sicherzustellen.

Es wurden umfangreiche Vorkehrungen für das Verholen des Schiffes im Hafen getroffen. Das vordere Geschirr für diesen Zweck besteht aus vier Spilltrommeln auf dem Backdeck und einer tiefer gelegenen für die Bedienung der kleineren Trossen. Die zwei vordersten Spilltrommeln werden von einem Spindel- und Kegelgetriebe, ähnlich wie die Ankerwindentrommeln, angetrieben. Dieselben Motoren dienen festgelegten Aufgaben, und ein System von Kupplungen ermöglicht den Ankerwindentrommeln das abrupte Auskuppeln, während der Motor die Spieltrommeln antreibt und umgekehrt. Das zweite Paar Spilltrommeln wird unabhängig davon von vertikalen Motoren auf dem Shelterdeck darunter angetrieben. Ähnliche Verholspille sind am hinteren Schiffsende installiert. Hier gibt es fünf Trommeln mit vier Dampfmaschinen, von denen eine zwei Spille antreibt. Zum Sichern der Trossen und Warpleinen wurde eine große Anzahl großformatiger Belegpoller vorgesehen.

Boote und Davits

Die 9,10 Meter langen Rettungsboote befinden sich auf dem Bootsdeck. Die doppelt wirkenden Welin-Davits wurden von der Welin Davit and Engineering Co. Ltd. in London hergestellt. Es wurden sechzehn Sets, speziell konstruiert für die Abfertigung von jeweils zwei, auf Wunsch sogar drei, Booten vorgesehen. Das doppelt wirkende System ist nicht völlig neu und wurde vor einiger Zeit schon von einer anderen Firma eingesetzt, wobei in diesem Fall die Boote auf dem Poopdeck mitgeführt wurden. Aber bei einem Einsatz in einem derart großen Umfang wie hier, liegt der entscheidende Vorteil auf der Hand. Das bekannte Prinzip des Welin-Davits wird in seiner ganzen Einfachheit beibehalten und nur an der innen liegenden Seite des Quadranten geringfügig erweitert. Diese Änderung macht es möglich, dass der Ausleger nach innenbords geschwenkt werden kann, um das innenbords gelagerte Boot senkrecht hochzuheben und sich dadurch den zeitraubenden Vorgang des Schiebens und Ziehens der innenbords gelagerten Boote zu ersparen, wie es bei normalen Davits erforderlich ist.

Die Anordnung ist auch wegen der Einsparung von Flächen auf dem Vor- und Achterdeck erwähnenswert. Anstatt die Boote mit zwei unterschiedlichen Methoden zu Wasser zu bringen, werden die Methoden in Form einer Zweirahmenkonstruktion kombiniert. Letztere trägt die zwei Quadranten und alle notwendige Ausrüstung für die Handhabung des vorderen wie auch des hinteren Bootes nach Belieben. Auch der Bedienmechanismus ist ebenso genial wie interessant. Hierfür wurde ein Schwenkhebel eingesetzt, der einen kleinen, über einem Hebebügel befestigten Ritzel antreibt. Dieser Hebebügel wird mittels einer einfachen Exzentervorrichtung in das Getriebe hinein- oder herausgedreht, wodurch jede Schraubenspindel an jedem Davit unabhängig voneinander bedient werden kann. Das Hieven und Fieren der Boote erfolgt über vier Elektrowinden mit je 762 Kilogramm Hebekraft.

Kompasse

Die von Kelvin & James White Ltd. gelieferte Kompassausstattung besteht aus vier Standardkompassen nach einem Patent von Lord Kelvin. Zwei dieser Kompasse befinden sich auf der Kapitänsbrücke, einer auf der achteren Anlegebrücke und einer auf einer mit Messing abgeschirmten Plattform in der Mitte des Schiffes, die über dem Bootsdeck auf einer Höhe von 3,65 Meter oberhalb der Eisenkonstruktion und 23,70 Meter über der Wasserlinie aufgebaut ist.

Patentlote

Neben der Kommandobrücke befinden sich zwei von Lord Kelvins patentierten motorgetriebenen und auf Rundhölzern angeordneten Patentloten für Tiefenmessungen bei hoher Geschwindigkeit des Schiffes. Die Konstruktion der Geräte ist allgemein bekannt, jedoch verfügt das neueste Muster über eine Verbesserung in Form einer beleuchteten Skala für den Einsatz bei Nacht. Die Beleuchtung erfolgt über eine oben auf dem Gerät angebrachte Elektrolampe. Bei dieser Anordnung rotiert die Skala, und nur die Zahlen neben dem Zeiger auf dem Lampengehäuse sind beleuchtet.

Unterwassersignaltechnik

Sowohl auf der OLYMPIC als auch auf der TITANIC wurde ein Gerät der Firma Submarine Signal Co. für den Empfang von Unterwassersignalen eingebaut. Mit diesem Gerät wird der Schall von Unterwasserglocken durch den Schiffsrumpf empfangen. Durch die Lokalisierung der Richtung des Schalls kann die Position des Schiffes in Küstennähe korrekt ermittelt werden. Die Glocken wurden vom Trinity House und den Leuchtturmbehörden der Vereinigten Staaten aufgestellt, und inzwischen sind mehr als 120 in Betrieb. Das System ist eine große Verbesserung gegenüber luftbasierten Nebelsignalen, weil diese aufgrund der unterschiedlichen Dichte der Atmosphäre häufig irreführend sind, wohingegen Wasser mit konstanter Dichte den Schall ohne Unterbrechung mit der dreifachen Übertragungsgeschwindigkeit der Luft befördert. Die Signale werden von kleinen Tanks mit darin befindlichen Mikrofonen empfangen, die sich an der Innenseite des Schiffsrumpfes an Backbord und Steuerbord unterhalb der Wasserlinie befinden. Diese Tanks, die man als die »Ohren« des Schiffes bezeichnen könnte, sind über normale Telefonkabel mit einem Richtungsanzeiger auf der Kommandobrücke verbunden. Wenn man den Schalter auf der Anzeigebox nach Backbord umlegt, ist nur das »Ohr« auf der Backbordseite aktiv. Durch Umlegen des Schalters nach Steuerbord, beginnt das »Ohr« an Steuerbord zu arbeiten. Angenommen, die Glocke befindet sich auf der Backbordseite des Schiffes, so werden nur über dieses »Ohr« Schallsignale empfangen. Sollte sich die Glocke jedoch genau vor dem Bug befinden, so ist das Schallsignal auf beiden »Ohren« gleichermaßen zu hören. Die Signale liefern deshalb nicht nur Warnungen über eine Gefahrenstelle in der Nähe des Schiffes, sondern geben auch Hilfestellung beim Fahren durch Nebel, weil der Schiffsoffizier mit ihrer Hilfe mit größerer Gewissheit sagen kann, wo sich das Schiff befindet.

Doppelt wirkende Welin-Bootsdavits

WHITE · STAR · LINE ·

Diagram · for · Use · of · Boats' · Crews ·

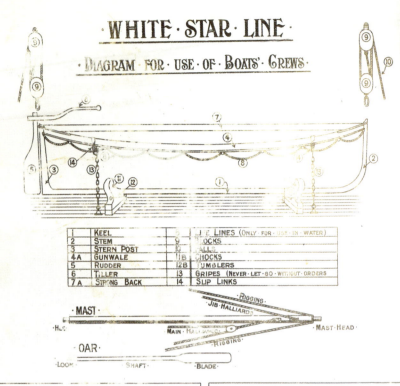

1	KEEL		LIFE LINES (ONLY FOR USE IN WATER)
2	STEM	9	BLOCKS
3	STERN POST	10	FALLS
4A	GUNWALE	11B	CHOCKS
5	RUDDER	12B	TUMBLERS
6	TILLER	13	GRIPES (NEVER LET GO WITHOUT ORDERS)
7A	STRONG BACK	14	SLIP LINKS

· SAILS ·

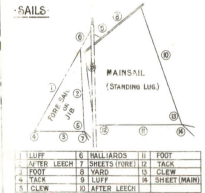

MAINSAIL (STANDING LUG.)

FORE SAIL OR JIB

1	LUFF	6	HALLIARDS	11	FOOT
2	AFTER LEECH	7	SHEETS (FORE)	12	TACK
3	FOOT	8	YARD	13	CLEW
4	TACK	9	LUFF	14	SHEET (MAIN)
5	CLEW	10	AFTER LEECH		

· To · Avoid · Accidents ·

NEVER · LET · GO · ANYTHING · UNTIL · ORDERED · TO · DO · SO · BY · THE · OFFICER · IN · CHARGE.

DO · NOT · ATTEMPT · TO · SWING · A · BOAT · INTO · POSITION · BY · HAULING · ON · THE · LIFE · LINES. THESE · ARE · ONLY · INTENDED · TO · SUPPORT · SWIMMERS · WHEN · BOAT · IS · AFLOAT.

WHEN · WORKING · THE · WELIN · DAVIT · **NEVER LET · GO · HANDLES** · UNTIL · YOU · RECEIVE · THE · ORDER 'UNSHIP · HANDLES'

REFRAIN · FROM · CHATTERING · WHEN · AT · STATIONS, IT · DISTRACTS · ATTENTION · FROM · WHAT IS · GOING · ON · AROUND · YOU. KEEP · YOUR · EARS · OPEN · FOR · ORDERS.

MAKE · YOURSELF · THOROUGHLY · FAMILIAR · WITH · THE · WORKING · PARTS · OF · YOUR · BOAT · AND · LAUNCHING · GEAR, · THEIR · NAMES · AND · USES. DO · NOT · BE · BACKWARD · IN · ASKING · QUESTIONS · IF · DOUBTFUL · OF · ANYTHING.

Schiffsflaggen

Besondere Beachtung wurde der Anordnung der Flaggen gewidmet, die im gehissten Zustand ein symmetrisches Aussehen haben. Die Flaggen sollten einen gleichmäßigen Abstand und dieselbe Anzahl von Quadratflaggen zwischen den Wimpeln haben. Weil es im Internationalen Signalbuch nur zwei Signalflaggen gibt, ist die beste Position für diese an jedem Ende der Flaggleine. Das Aussehen einer Flaggenreihe wird oftmals durch mittiges Herunterhängen der Leine völlig verunziert. Ein solches Ereignis ist kaum zu vermeiden, wenn Flaggen lediglich zusammengeknotet sind, jedoch kann dies durch den Einsatz von Flaggenjolltauen erfolgreich behoben werden. Diese Leinen können aus leichtem Draht oder dünnem Manila hergestellt sein. Die Flaggen werden an den Leinen belegt und die Mitte des Flaggenheißes mit einem Takling aus Segelmachergarn an der Leine gesichert. Beim Belegen der Flaggen auf der Leine ist mit größtmöglicher Sorgfalt ein gleichmäßiger Abstand der Flaggen sicherzustellen. Lücken zwischen den Flaggen beeinträchtigen die Wirkung. Wenn Hanfseil verwendet wird, ist sicherzustellen, dass das Seil vor dem Aufhängen sorgfältig gespannt ist, anderenfalls wird es mit Sicherheit wieder durchhängen.

Die Reihenfolge der Flaggen ist dem Ermessen des verantwortlichen Offiziers überlassen. Die Nationalflagge wird am richtigen Platz geführt. An Leinen zur Paradebeflaggung sind keinerlei Nationalflaggen zu verwenden.

Brown's Signalling, 1908

SCHIFFSSIGNAL: Das zugewiesene Unterscheidungssignal des Schiffes zur Identifizierung durch andere Schiffe oder Landstationen während des Signalaustauschs lautet HVMP.

DAS BLUE ENSIGN: Diese Flagge wird bei Tageslicht am Flaggenstock am Heck geführt und zeigt die Nationalität des Schiffes an. Der TITANIC ist es gestattet, das Blue Ensign zu führen, weil ihr Kapitän E. J. Smith als Commander R.N.R. den Berechtigungsschein Nr. 690 der Admiralität besitzt. Mindestens zehn Dienstgrade oder Offiziere der Reederei sind ebenfalls Mitglieder der Royal Navy Reserve. Das Blue oder Red Ensign wird auch am Vormast geführt, wenn das Schiff in britischen Gewässern fährt.

DIE AMERIKANISCHE UND FRANZÖSISCHE FLAGGE: Die Titanic führt das berühmte Sternenbanner als Gastlandflagge am Vormast des Schiffes. Die amerikanische Flagge ist ab Southampton zu führen und bleibt während der Dauer der Schiffsreise zurück in die Gewässer von Southampton gehisst. Die französische Flagge wird beim Einlaufen in Cherbourg sowie während der

124 BETRIEB, SICHERHEIT UND NAVIGATION

Letter	Flag description	Letter	Flag description
A	Burgee, White and Blue, divided vertically. Swallow-tailed.	H	Square Flag, White and Red, divided vertically. White at Mast.
B	Burgee, Red Swallow-tailed. "The Powder Flag"	I	Square Flag, Yellow, with Black ball in centre.
C	Pennant, White, with Red Ball near Mast. "Affirmative YES"	J	Square Flag, Blue, White, Blue, divided horizontally.
D	Pennant, Blue, with White Ball near Mast. "Negative. NO"	K	Square Flag, Yellow and Blue, divided vertically. Yellow at Mast.
E	Pennant, Tricolour, Red, White, Blue, divided vertically. Red at Mast.	L	Square Flag, Yellow and Black, quartered. Yellow at Mast. "Cholera, Yellow Fever, or Plague Flag"
F	Pennant, Red, with White St. George's Cross.	M	Square Flag, Blue, with White St. Andrew's Cross.
G	Pennant, Yellow and Blue, vertically. Yellow at Mast.	N	Square Flag, Blue and White, Chequered. 16 Squares. Blue at Mast.
O	Square Flag, Yellow and Red, divided Diagonally. Yellow at Mast.	U	Square Flag, Red and White, quartered. Red at Hoist.
P	Square Flag, Blue, with White Square in centre. "The Blue Peter" "Am about to Sail"	V	Square Flag, White, with Red St. Andrew's Cross.
Q	Square Flag, Yellow. "Quarantine Flag Foreign" "Am liable to Quarantine"	W	Square Flag, with Broad Blue Border and Red Square in centre.
R	Square Flag, Red, with Yellow St. George's Cross.	X	Square Flag, White, with Blue St. George's Cross.
S	Square Flag, White, with Blue Square in centre. "Pilot Signal" "Want a Pilot"	Y	Square Flag, 5 Yellow and 5 Red Bars, Diagonally. Yellow at Hoist.
T	Square Flag, Tricolour, Red, White, Blue. Red at Mast, Blue at Fly.	Z	Square Flag, Black, Yellow, Blue, Red, quartered Diagonally. Black at Mast, Blue at Fly, Yellow at top, Red at foot.
		USM	ROYAL MAIL.

gesamten Liegezeit im Hafen bis Sonnenuntergang geführt. Die amerikanische Flagge wird wieder beim Einlaufen in Queenstown für die Dauer der Liegezeit im Hafen gehisst. Beim Einlaufen in New York wird die amerikanische Flagge zum dritten Mal gehisst und während der Liegezeit der TITANIC im Hafen täglich von 8 Uhr bis Sonnenuntergang geführt.

DIE REEDEREIFLAGGE DER WHITE STAR LINE ist ein konisch zulaufender Doppelstander, der von 8 Uhr bis Sonnenuntergang an der Flaggleine im Topp des Hauptmastes geführt wird.

POSTFLAGGEN: Wie es sich für ein großes Schiff gehört, wurde der TITANIC, gemäß Vertrag der Regierungen von Großbritannien und der Vereinigten Staaten, die Ehre eines Postschiffes zuteil. Der Royal-Mail-Stander und die U.S.-Mail-Flagge werden an der zweiten Flaggleine am Hauptmast geführt, auf der Höhe, wo die Backstagen den Mast berühren.

LOTSENFLAGGE: Die Lotsen- oder Kaufmannsflagge besteht aus dem Union Jack mit weißem Rand (der weiße Rand macht ein Drittel der Breite des Union Jacks aus) und wird nur bei feierlichen Anlässen geführt, wenn das Schiff mit Flaggenleinen geschmückt ist.

BLAUER PETER: Diese Signalflagge wird gehisst, um die bevorstehende Abfahrt anzuzeigen. Sie kann an einer Flaggleine abseits der Brücke oder an der zweiten Flaggleine am Vormast (die erste Flaggleine wird bereits für die Gastlandflagge benutzt) geführt werden.

Register

Abkühlraum 68/69, 93
ADRIATIC 16, 31
Amerikanische und französische Flagge 123, 125
An-Land-Gehen 104
Andrews, Thomas 5, 8
Arbeitsaufteilung 116
Auskunftsbüro 90, 93, 94
Ausrüstung und Einrichtung 5, 6/7, 79–89
Automobiltouren 91

Bäder 54
- Elektrische 86, 93
- Schwimm- 19, 58, 59, 93, 94
- Türkische 6, 7, 19, 58, 62, 68, 69, 93
Beförderungsbedingungen 102
Betrieb, Sicherheit und Navigation 112–135
Betten/Schlafkojen 6, 23, 29, 54, 57, 58, 70, 71, 78, 79–81, 102
Bibliothek 55, 57, 60, 76
Blauer Peter 125
Blue Ensign 123
Boote und Davits 119/120
BRITANNIC 5, 8, 15
Bullaugen und Fenster 85
Bunkeranordnung 42

Café 6, 64, 93
Carlisle, Alexander 5, 8
Cunard 4, 6, 16, 18, 29, 102

Decksanordnung 54
Decksliegestühle 90, 91, 103
Dekoration 59–74
- Abkühlraum 68/69
- Empfangsraum 62/63
- Erster-Klasse-Kabinen 70–74
- Erster-Klasse-Speisesaal 61
- Lese- und Schreibzimmer 69
- Lounges 66/67
- Promenadenbereich 60/61
- Rauchsalon und Veranda 67/68
- Restaurant 63/64
- Treppenhäuser und Eingänge 65/66

Dritte Klasse
- Allgemeiner Aufenthaltsraum 79
- Promenade 79
- Rauchsalon 78
- Speiseplan 113
- Speisesaal 78

Empfangsraum 6, 57, 62/63, 85, 93
Erste Klasse
- Allgemeine Informationen für Passagiere 90–101
- Auskunftsbüro 90
- Automobiltouren 91
- Café und Palm Court 93
- Decksliegestühle 91
- Fahrstühle 27, 29, 93
- Funktelegramme 90, 92
- Geldwechsel 91
- Gepäck 91
- Heißmangel und Reinigung 94
- Kabeltelegramme und Telegramme 90
- Kabinen 6, 7, 19, 55, 57/58, 70–74, 78, 84, 85, 88
- Lounge und Empfangsräume 93
- Passagieradressen 91
- Passagierliste 96–98
- Reiseschecks 91
- Restaurant 92/93
- Schiffsarzt 90/91
- Speisesaal 61
- Squashfeld 56, 94
- Tischreservierung 90
- Türkische Bäder 93
- Wolldecken 91

Fahrräder 103
Fahrstühle, Passagier- 55, 56, 66, 76, 85/86, 93
Festmachen und Verholen 118/119
Flaggen, Schiffs- 123–125
Fracht 30, 32, 116/117
Funktelegramme 90-2

Gastronomie 82/83
Geldwechsel 91
Gepäck 91, 102/103, 116/117
- Abfertigung 104
- Erste Klasse 91
- Versicherung 103/104
GERMANIC 15

Geschwindigkeit 4–6, 13, 15, 16, 27, 29, 30, 37, 85, 117, 120, 121
GREAT EASTERN 16, 31

Harland & Wolff 5, 11, 13, 15, 20–25, 29, 31, 35, 37, 38, 39, 41, 42, 43, 84
- Anfänge des Unternehmens 21
- Betrieb 23
- Kesselwerkstatt 25
- Pirrie siehe auch Pirrie, Lord 23
- Tischlerei 24
- Werkstätten 23–25
Harland, Sir Edward 3, 21, 22
Heißmangel und Reinigung 94
Hin- und Rückfahrt 102
Hunde, Katzen, Affen 103

International Mercantile Co. 5
Ismay, Joseph Bruce 18/19
Ismay, Thomas 4, 14/15, 18

Kabeltelegramme und Telegramme 90, 118, 119
Kabinen 6, 7, 19, 55, 57/58, 70–74, 78, 84, 85, 88
Kessel 15, 23, 25, 32, 33, 37, 39, 40, 41/42, 44, 59, 116
Klassen 4, 5, 6, 13, *siehe auch Erste, Zweite und Dritte Klasse*
Kompasse 117, 120
Konstruktion 13, 27–46
Konstruktion, Bau und Stapellauf 27–45
Konstruktionsfaktoren 29/30

LAURENTIC 18, 29, 38
Lese- und Schreibzimmer 6, 57, 69
Lotsenflagge 125
Lounge und Empfangsräume 6, 57, 62/63, 66/67, 93
Lüftung und Heizung 84/85

MAJESTIC 15
Mannschaftsunterkünfte 116
Maschinen/Maschinenraum 5, 6, 15, 18, 27, 29, 31, 33, 36/37, 39–45, 43, 117, 119
Maschinenanlage, Anordnung der 39/40

MEGANTIC 16, 18, 29
Menüs 99–101, 107–109, 111

Navigation
- Brücke 33, 55, 88, 117
- Kompasse 117, 120
- Navigationseinrichtungen 117
- Patentlote 120
- Schiffsflaggen 123–125
- Sicherheitsvorkehrungen 7/8
- Telefone 88, 89
- Unterwassersignaltechnik 121

OCEANIC 4/5, 15/16
OCEANIC II 3, 8
Offiziere 45, 55, 87, 113, 116, 117, 121, 123
OLYMPIC 5, 6, 8, 9, 11, 13, 14, 15, 16, 18/19, 20/21, 23, 26, 27, 29, 30, 31, 34, 36, 37, 38, 39, 40, 42, 44, 67, 72, 75, 79, 82, 83, 84, 85, 87, 116, 118, 121

Palm Court 6, 19, 57, 93
Passagieradressen 91
Passagiereinrichtungen 6, 30
Passagierliste 96–98
Passagierunterkünfte 47–111
- Allgemeine Informationen 90–111
- Allgemeine Schiffsausstattung und Einrichtung 79–89
- Anordnung der Räume 57–59
- Decksanordnung 54
- Dekorationen 59–74
- Erste Klasse *siehe* Erste Klasse
- Dritte Klasse *siehe* Dritte Klasse
- Zweite Klasse *siehe* Zweite Klasse
Patentlote 117, 120
Pirrie, Lord 5, 11, 22, 29
Pläne des Schiffes 48–53
Post 90, 116/117
Postflaggen 125
Promenaden 5, 19, 31, 33, 54, 55, 57, 60/61, 76, 77, 79, 85, 86/87
Propeller 27, 35, 39, 41, 44

Rauchsalon und Veranda 55, 57, 67/68, 78
Räume, Anordnung 57–59
Reiseschecks 91, 104
Restaurant 6, 7, 57, 58, 62–64, 83, 92/93
Rettungsboote 5, 7, 8, 119
Routen auf dem Nordatlantik 114, 115
Rückfahrkarten, austauschbare 102
Rümpfe, Bau der 31–37
- Konstruktiver Aufbau 31–33
- Steven und Stevengussteile 35/36
- Vernietung 34
- Wasserdichte Unterteilung 36/37

Schiffsarzt 90/91, 102, 113
Schiffssignal 123
Schwimmbäder 19, 58, 59, 93, 94
Service, Qualität des 4, 82/83
Shipbuilder, The 14–23
Signalpfeifen 44/45
Speisesaal 6, 55, 57, 58, 60/61, 75, 78, 82, 83, 85, 92/93
Squashfeld 6, 19, 56, 58, 94, 113
Stapellauf 8, 36, 38
Steven und Stevengussteile 35/36
Stewardess 102

Tarife 105/106
Telefonanlage 87–89
Telegrafen 44, 91, 92, 113, 117
TEUTONIC 15
Tischreservierung 90
Tischreservierung 83/84
Treppenhäuser und Eingänge 6, 62, 64–66, 72, 76, 83, 116
Turbinen 13, 18, 29, 31, 33, 35, 36, 39, 40, 43/44
Türkische Bäder 6, 7, 19, 58, 62, 68, 69, 93
Turnhalle 6, 19, 55, 56, 62, 87, 94

Uhren, Magneta- 86/87
unsinkbar, TITANIC als 7/8, 37
Unterwassersignaltechnik 121

Vernietung 34, 37
Versicherung 103/104

Wasserdichte Unterteilung 30, 36/37
Welin Davit & Engineering Company 5, 119/120, 121
Wellenanlage 44
Wertsachen 69, 103
White Star Line 4/5, 6, 10, 13, 14–19
- Anfänge des Unternehmens 14/15
- Bedeutende Schiffe 15/16
- Entwicklung der Linienschiffe 14–19, 28
- Geschäftsleitung 18
- Reedereiflagge 125
- Weitere Geschichte 16, 18
- Werbebroschüre 13
Wolff, G. W. 21/22
Wolldecken 90, 91

Zeichen und Abbildungen, beleuchtete 87
Zweite Klasse
- Allg. Informationen für Passagiere 75–77, 102–109
- An-Land-Gehen 104
- Aufpreis für die Passage oder Fracht 103
- Beförderungsbedingungen 102
- Bibliothek 76
- Deckskiegestühle und Wolldecken 103
- Fahrräder 103
- Gepäck 102–104
- Hin- und Rückfahrt 102
- Hunde, Katzen, Affen 103
- Kabinen 76
- Promenade 76
- Queenstown, Abfahrten von 104
- Rauchsalon 76
- Reiseschecks 104
- Rückfahrkarten, austauschbare 102
- Schiffsarzt 102
- Schlafkojen, Reservierung von 102
- Speisesaal 75
- Stewardess 102
- Tarife 105/106
- Wertsachen 103

BILDNACHWEISE UND QUELLENANGABEN

Redaktion und Verlag danken den folgenden Quellen für die Nutzung der in Klammern aufgeführten Abbildungen: The Bridgeman Art Library (Seite 2), The Mary Evans Picture Library (Seiten 7, 59, 60/61, 64/65, 67, 68, 69, 77 [beide], 78, 110), Merseyside Maritime Museum/National Museums Liverpool (Seite 122), National Maritime Museum, Greenwich (Seiten 107–109: F5245, 125: F2657), P&O (Seiten 72, 73, 74), Southampton City Council Arts & Heritage (Seite 99), United States Library of Congress (Seiten 20, 26). Alle anderen Bilder © CPL oder Public Domain. Anova Books Ltd. hat sich ebenso wie der Delius Klasing Verlag verpflichtet, die Rechte am geistigen Eigentum Dritter zu respektieren. Wir haben deshalb alle Anstrengungen unternommen um sicherzustellen, dass die Reproduktion sämtlicher Abbildungen in vollem Einverständnis mit den Urheberrechtsinhabern erfolgte. Sollten unbeabsichtigte Versäumnisse bekannt werden, so bitten wir uns davon in Kenntnis zu setzen, damit der Verlag für zukünftige Ausgaben dieses Buches notwendige Korrekturen vornehmen kann.

Bibliografie: *A Night to Remember,* Lord (Penguin, 1978); *Anatomy of the Titanic,* McCluskie (PRC, 1998); *Last Dinner on the Titanic: Menues and Recipes from the Great Liner,* Archbold & McCauley (Hyperion, 1997); *The Birth of the Titanic,* McCaughan (McGill-Queens University Press, 1999); *The History of the White Star Line,* Gardiner (Ian Allan, 2001); *Titanic,* Thresh (Bison Group, 1992); *Titanic: A Journey Through Time,* Eaton & Haas (PSL, 1999); *Titanic and her Sisters Olympic and Britannic,* McCluskie, Sharpe, Marriott (PRC, 2002); *Titanic From Rare Historical Reports,* Boyd-Smith (Brooks, 1997); *Titanic: Triumph and Tragedy,* Eaton & Haas (PSL, 1986).

Quellenmaterial: *Brown's Signalling,* 1908, National Maritime Museum, Greenwich, Manuscripts Collection: LMR 11/12/13, LMQ 1/13/18, LMQ 1/7, LMQ 7/9, *The Shipbuilder,* »*Olympic and Titanic*«, Sonderausgabe, Vol. VI, Mittsommer 1911; Ulster Folk & Transport Museum: *White Star Line Olympic & Titanic,* Broschüre, Mai 1911; *White Star Triple-Screw Steamers and Titanic,* Faksimile-Reproduktion der Titanic Historical Society, Inc.

© John Blake 2011
This translation of The Titanic Pocketbook is published by Delius Klasing by arrangement with Bloomsbury Publishing Plc.
Die englische Originalausgabe mit dem Titel *The Titanic Pocketbook. A Passenger's Guide* erschien bei Conway/Bloomsbury Publishing Plc, London.

Bibliografische Information der Deutschen Nationalbibliothek
Die Deutsche Nationalbibliothek verzeichnet diese Publikation in der Deutschen Nationalbibliografie; detaillierte bibliografische Daten sind im Internet über http://dnb.dnb.de abrufbar.

1. Auflage
ISBN 978-3-667-11079-4.
Die Rechte für die deutsche Ausgabe liegen beim Verlag Delius Klasing & Co. KG, Bielefeld.

Aus dem Englischen von Klaus Neumann
Lektorat: Birgit Radebold / Katja Ernst
Einbandgestaltung: Gabriele Engel
Satz: Axel Gerber
Gesamtherstellung: Print Consult, München
Printed in Czech Republic 2017

Alle Rechte vorbehalten! Ohne ausdrückliche Erlaubnis des Verlages darf das Werk weder komplett noch teilweise reproduziert, übertragen oder kopiert werden, wie z. B. manuell oder mithilfe elektronischer und mechanischer Systeme inklusive Fotokopieren, Bandaufzeichnung und Datenspeicherung.

Delius Klasing Verlag, Siekerwall 21,
D - 33602 Bielefeld
Tel.: 0521/559-0, Fax: 0521/559-115
E-Mail: info@delius-klasing.de
www.delius-klasing.de